LA PSYCHOLOGIE POSITIVE AVEC LES ENFANTS

Groupe Eyrolles
61, boulevard Saint-Germain
75240 Paris Cedex 05
www.editions-eyrolles.com

Mise en page : Caroline Verret

ISBN : 978-2-212-56239-2

Agnès Dutheil

LA PSYCHOLOGIE POSITIVE AVEC LES ENFANTS

Pour que vos enfants donnent le meilleur d'eux-mêmes

Illustrations de Charlotte Fillonneau

EYROLLES

SOMMAIRE

Merci à mes enfants, David, Jérémie, Sara, Nathan et Joseph. Vous êtes mon soleil et ma raison de vivre. Votre amour, vos colères, votre courage, votre indépendance d'esprit, votre force de caractère, votre humour, sont le soutènement de ma vie. Vous êtes mes merveilles, et vos enfants la lumière et l'espoir de ma vie.

Agnès Dutheil

REMERCIEMENTS

Merci à toi, Jean Claude Willig, sans qui ce bouquin n'aurait peut être pas encore de corps aujourd'hui… Ta générosité de présence, de temps, de partage de tes compétences, m'ont permis, semaine après semaine, de m'atteler à la rédaction de ce livre, avec confiance. Tu as su avoir les mots justes ainsi qu'un accompagnement rigoureux et bienveillant.

Merci à toi, Jacques, pour ce cadeau extraordinaire que tu me fais en préfaçant ce livre. Je sais ton emploi du temps « surbooké », je sais aussi combien tu es toi-même pris dans les tourments et l'exigence de l'écriture. Tu m'as dit « Oui », tout simplement. Et c'est bon.

Merci à tous les parents qui me font confiance et dont les histoires, les joies et les peines émaillent ce livre. Grâce à vous, j'ai la confiance qu'un monde meilleur, responsable et humain peut exister. Vous avez été mon soutien joyeux et stimulant. Et je sais que nous allons encore passer de sacrés bons moments forts et émouvants dans notre travail quotidien, pour être des parents simplement « acceptables » !

Merci à vous, Stéphanie Ricordel, ma responsable éditoriale, pour l'enthousiasme avec lequel vous avez reçu mon manuscrit. Et merci à vous aussi, Élodie Dusseaux, pour votre indulgence et votre compréhension, face à toutes mes peurs et incompréhensions de ce monde si « passionnément particulier » qu'est celui de l'édition.

Merci à toi, Charlotte, pour ton coup de crayon joyeux et tendre. Je nous espère une collaboration longue et fructueuse !

Merci à toi, Xavier, dont l'amour, l'intelligence, la générosité et l'appui sans faille ont contribué à faire de moi la femme et la mère que je suis aujourd'hui.

Merci à mes parents sans qui rien de tout cela n'aurait été possible, finalement… Merci à toi, ma mère, de m'avoir initiée à ce chemin salvateur de la résilience. Merci à toi, mon père, de m'avoir confrontée à l'abandon et à la solitude.

Merci à toi, Jean, pour ton humble soutien. Tes sauvetages informatiques, tes petits plats préparés avec amour, tout ce quotidien dont tu t'es chargé pour alléger le mien… Tes yeux pleins d'amour me soutiennent dans le moment présent.

PRÉFACE

Tout parent devrait lire cet ouvrage, écrit autant avec le cœur qu'avec la raison. C'est tout d'abord son cœur de mère de cinq enfants aujourd'hui adultes qui a incité Agnès Dutheil à améliorer sa manière d'être avec ceux-ci. J'ai été touché par la sincérité de ses propos, par exemple lorsqu'elle reconnaît humblement avoir parfois demandé à ses enfants de ne pas crier alors même qu'il lui arrivait de hurler, de ne pas se disputer alors qu'elle se querellait avec leur père. Quel parent ne se reconnaîtrait pas dans ces contradictions ?

Mais c'est aussi la raison qui parle dans ce livre, grâce à une longue expérience professionnelle d'accompagnement de parents. L'auteure a créé à Nantes les Ateliers du Positif, qui donnent l'occasion à des parents de réfléchir ensemble, dans une atmosphère bienveillante, au sens de leur vie et de leurs actes quotidiens. Ils y apprennent aussi des techniques de communication et de gestion des conflits, en s'appuyant sur les apports de la psychologie positive.

Après avoir longuement et consciencieusement glané au fil des ans, en se formant dans les meilleures institutions, Agnès Dutheil sème maintenant le fruit de ses récoltes, au travers de cet ouvrage. Tout est à savourer, qu'il s'agisse d'apports pédagogiques ou de présentations d'expériences concrètes vécues par des parents. Sans oublier, bien sûr, les multiples exercices pratiques faciles à mettre en œuvre, qui permettent à chacun de mieux se situer sur le plan des valeurs personnelles et des émotions, et d'évoluer à son rythme vers une meilleure compréhension des besoins des enfants et de la manière d'y répondre.

Cet ouvrage, vous le lirez soit d'une traite avec enthousiasme (ce que j'ai fait), soit lentement, pour mettre chaque jour à profit une nouvelle découverte. Parmi d'autres pépites, j'ai particulièrement apprécié le passage où Agnès Dutheil s'est étonnée, comme beaucoup de parents, de constater que ses enfants se considéraient souvent comme nuls, alors qu'elle passait beaucoup de temps et d'énergie à leur renvoyer une image positive d'eux-mêmes. Oui mais voilà, nous dit-elle, l'essentiel était absent. Car il ne suffit pas de dire : « Ton dessin est superbe » pour que l'enfant en soit convaincu. Il faut lui expliquer pourquoi nous le trouvons superbe, ce qu'elle appelle des « compliments descriptifs » : l'harmonie des couleurs, la maison qui ressemble à celle de la famille, les papillons qui laissent penser que c'est le printemps, etc.

Ce sont toutes sortes de petits détails comme celui-ci qui caractérisent la pédagogie positive décrite dans ce livre.

L'auteure invite aussi les parents à lâcher prise, à ne pas systématiquement chercher à résoudre tous les problèmes des enfants et à éviter de projeter leurs attentes sur leur devenir. Bref, à savoir être une grande oreille disponible, plutôt qu'une grande bouche qui donne toutes les « bonnes » réponses ou une grande main qui fait à la place d'autrui.

Et ça marche ! Par exemple, l'auteure peut être légitimement fière de constater qu'aujourd'hui, ses grands enfants répondent très rarement du tac au tac à une question qui les engage : ils prennent du temps pour le faire, après l'avoir vu faire par leur mère.

Cette éducation familiale positive est aussi un bel apprentissage de la citoyenneté. Agnès Dutheil propose par exemple de formuler des engagements réciproques entre parents et enfants sur des problèmes récurrents dans la famille ; ou encore d'organiser des « conseils de famille » destinés à se mettre d'accord sur les règles à adopter, la façon de résoudre les conflits, d'instaurer des rituels, etc. Dès l'âge de 4-5 ans, un enfant peut être président du conseil !

Finalement, je n'ai qu'un regret après avoir refermé ce livre, c'est de ne pas l'avoir lu plus tôt, mes enfants étant maintenant adultes. Mais je vais leur en faire cadeau, c'est sûr !

Jacques Lecomte
Docteur en psychologie
Président d'honneur de l'Association française et francophone
de psychologie positive

INTRODUCTION

POUR QUE NOS ENFANTS DONNENT LE MEILLEUR D'EUX-MÊMES

Je suis maman de cinq enfants et déjà plusieurs fois grand-mère. Comme vous, probablement, je me suis interrogée mille fois sur ce qu'était ma famille, j'ai souffert mille peurs et traversé beaucoup de nuits blanches.

En tant qu'infirmière en milieu scolaire j'ai côtoyé ces ados qui refusent de ranger le chaos de leur chambre. J'ai entendu ces jeunes qui ne voient plus de sens à aller au collège. J'ai vécu avec ces « adulescents » qui cherchent dans l'alcool et les pétards un peu de plaisir... et beaucoup d'oubli. Et, souvent, je me suis posé ces questions douloureuses et obsédantes : « Qu'est-ce qui ne va pas, qu'est-ce que je peux faire d'autre ? » Ou même, plus simplement : « Qu'est-ce que je dois faire ? »

Submergée par des tâches matérielles ingrates, des emplois du temps surchargés, j'ai souvent ressenti cette culpabilité récurrente de *ne pas être une assez bonne mère* ; cette sensation d'écartèlement entre ma vie de femme, mon rôle de maman, mes désirs de liberté et d'envol ; cette impression de ne pas tout comprendre mais de ne pas savoir faire autrement. Dans le même temps, j'avais des moments de bonheur intense et un appétit de vivre insatiable… Et, en toile de fond, cette question lancinante : « C'est quoi, le sens de tout ça ? » J'avais besoin de mieux comprendre quel est le rôle d'une mère, hormis faire des courses et des lessives, faire réciter les leçons, courir après le temps – et, Dieu merci, profiter d'un petit câlin de temps en temps ! En somme, je voulais savoir ce que veut dire « éduquer des enfants ».

Par ailleurs, je n'étais fondamentalement pas d'accord avec ce qui m'avait été transmis, et je me demandais comment « faire du nouveau »… Je pressentais qu'au-delà de mes reproches permanents (« Il faut mettre tes chaussons ! », « Tu ne travailles pas assez tes maths ! »), j'avais autre chose à offrir à mes enfants.

Je voulais les aider à éveiller leur conscience, afin qu'à leur tour ils soient à même de prendre des décisions responsables dans leurs vies d'adultes. Je percevais que je pouvais leur donner *le pouvoir d'avoir du pouvoir*, d'abord sur eux-mêmes ! J'avais à leur transmettre des références qui leur serviraient de modèle et de « colonne vertébrale », à les accompagner pour qu'ils découvrent le sens qu'ils voulaient donner à leur vie, à stimuler chez eux la capacité à prendre librement des décisions authentiques. Mon rôle consistait donc à leur permettre de construire leur projet de vie, en toute indépendance. Et, dans cette démarche, l'essentiel n'était pas ce que j'allais leur dire, mais ce que j'allais leur donner à voir de moi-même.

Peu à peu, en poursuivant ma réflexion, j'ai eu envie d'acquérir de nouvelles connaissances en sciences de l'éducation et en psychologie. J'étais infirmière dans un service d'oncologie, et j'ai quitté mon emploi pour un poste d'infirmière scolaire qui me laissait mes soirées, mes week-ends et les vacances scolaires pour reprendre des études. J'ai étudié la Gestalt-thérapie, la communication non violente (avec Marshall Rosenberg *himself* !), la psychologie positive (avec Jacques Lecomte et David Cooperrider). J'ai aussi suivi différentes formations complémentaires dans tout un tas de domaines, avec des gens passionnants…

Après mes études, j'ai ouvert un cabinet de psychothérapie. J'ai reçu des enfants et des ados, et puis des adultes et des couples. En écoutant les uns et les autres, j'ai souvent été émue d'être le témoin d'autant d'amour et, dans le même temps, d'autant d'incompréhension réciproque. Rapidement, je me suis aperçue que nous, parents, avions tous les mêmes difficultés, et que nos demandes se ressemblaient ! L'éducation est une tâche ardue, aux enjeux incommensurables. Songez par exemple que les enfants qui naissent aujourd'hui seront à la retraite vers… 2080 ! Dans le même temps, nous ne savons pas à quoi ressemblera notre monde dans cinq ans. Dès lors, comment savoir vers quel diplôme ou quel métier orienter nos filles et nos fils ? Nous ne pouvons pas répondre à cette question, mais chaque parent a l'intuition que son enfant aura à s'adapter à la société qui vient…

En faisant ces constats, j'ai eu envie de réunir les parents pour qu'ils puissent travailler ensemble. Au début, j'ai partagé les ateliers Faber et Mazlish, imaginés au Québec en 1980. Cette approche reste une avancée majeure dans l'aide à la parentalité ; cependant, beaucoup de savoirs se sont développés depuis, notamment dans les domaines des neurosciences et de la psychologie positive. Alors, en incluant ce que j'avais glané sur mon parcours, j'ai imaginé les Ateliers du Positif, avec la conviction que l'essentiel, en matière d'éducation, était la transmission d'un « fil intérieur ». Éduquer passe d'abord par une réflexion sur le sens de sa propre vie, sur ce que l'on veut donner à ses enfants (valeurs, connaissance de soi-même, etc.). Ensuite, on peut acquérir des outils de pédagogie qui nous aident à bâtir une vie familiale harmonieuse et gaie, source d'épanouissement et de plénitude.

L'intérêt des Ateliers, c'est que les parents y apprennent des techniques de communication et de gestion des conflits, en s'appuyant sur les apports des neurosciences et de la psychologie positive. De plus, ils s'écoutent, se « nourrissent » mutuellement, s'épaulent et s'entraident. Et surtout, ils s'interrogent sur des aspects existentiels fondamentaux, sur leur rôle de parents, dans un cadre bienveillant – et souvent en couple. Ainsi, sur plusieurs jours, je leur propose un programme qui s'articule autour de thèmes variés : rôle de la famille, définition et transmission de nos valeurs essentielles, réflexion sur ce que l'on veut transmettre ou pas de sa propre éducation, construction de la confiance en soi, compliments et gratitude, autorité et discipline positives, disputes entre frères et sœurs, etc.

Ce livre est riche de toute cette expérience. Son ambition est de vous proposer un « processus éducatif » qui rendra vos enfants plus autonomes, confiants, créatifs, fiables et responsables. Ils sauront résoudre leurs problèmes par eux-mêmes, acquerront l'esprit d'initiative et pourront mieux gérer leurs priorités. En un mot, vous leur permettrez de donner le meilleur d'eux-mêmes !

CHAPITRE 1

DONNER DU SENS À SA FAMILLE

Des valeurs fortes pour nous guider

« Ça sert à rien ! »

« J'm'ennuie… »

« J'm'en fous ! »

Combien de parents sommes-nous à avoir entendu ces phrases dans la bouche de nos ados résignés et apathiques ou, au contraire, révoltés et rebelles ? Face à des réactions de ce type, nous nous sentons totalement démunis. C'est parce que ces mots révèlent à quel point nos enfants ressentent le *vide, le manque de sens* caractéristiques de notre société consumériste… Une société qui prône la quête effrénée du plaisir immédiat, la recherche désespérée du bonheur « maintenant et tout de suite » !

Qu'est-ce que tout cela signifie ? Comment expliquer cette situation ?

Oui, éduquer nos enfants devient de plus en plus complexe !

Nos aïeux n'avaient pas besoin de « manuels d'éducation » et n'imaginaient sûrement pas qu'un jour, nous inventerions des « ateliers d'aide à la parentalité » ! Pour eux, les valeurs morales (de la religion notamment) transcendaient toutes les générations, structuraient toutes les institutions, à commencer par l'école (je me souviens bien des « cours de morale » que nous suivions chaque matin, en arrivant en classe !). Puis nous avons assisté à l'éclatement de ces cadres parce que, à tort ou à raison, nous les avons jugés trop modélisants, trop liberticides, trop « enfermants », trop autoritaires.

Dans ma famille, par exemple, l'autorité était clairement portée par mon père. Et, comme beaucoup de personnes de ma génération, j'ai assisté à l'effondrement du « socle », du refuge, que représentait la famille. Les crises économiques, la mondialisation, les avancées technologiques, l'évolution des mentalités ont contraint cette institution à se remettre en question. Beaucoup d'entre nous ont perdu leurs racines en s'éloignant géographiquement de leurs parents et doivent, aujourd'hui, affronter un certain isolement. Dans le même temps, l'allongement de la durée de vie fait qu'en plus d'être éloignés de leurs enfants et petits-enfants, les grands-parents (dont je suis !) sont encore souvent au travail… Cela les rend moins disponibles pour transmettre des valeurs familiales dont ils sont la mémoire et les garants. À cela, il faut ajouter le nombre de divorces et de familles monoparentales, qui augmente de façon exponentielle…

Ainsi, à travers mon expérience personnelle et professionnelle, je peux dire que je constate tous les jours une *perte des repères fondamentaux*. C'est un peu comme si toutes les valeurs qui, auparavant, organisaient nos familles et nous transcendaient, ne préexistaient plus à la naissance : sans cesse, jour après jour, année après année, elles doivent être réinterprétées collectivement par les membres de chaque famille… Dans ce contexte, « nous avons d'autant plus besoin de morale que nous avons moins de religion », comme l'écrit André Comte-Sponville dans *Le capitalisme est-il moral ?* (Albin Michel, 2004). En effet, nous avons un besoin irrésistible de substituer aux dogmes religieux des principes moraux, susceptibles de nous guider dans nos choix.

Dans *Nos raisons de vivre. À l'école du sens de la vie* (InterEditions-Dunod, 2009)[1], Victor Frankl (psychiatre allemand, 1905-1997) développe l'idée que le « vide existentiel », résultant du déclin des traditions et des valeurs universelles, représente le défi majeur de l'éducation aujourd'hui. Selon lui, il est vital pour chacun de trouver un sens à son existence. Citant William Irwin Thompson, un autre philosophe, Frankl écrit ainsi : « Les hommes ne sont pas des objets qui existent comme des chaises ou des tables ; ils vivent, et s'ils jugent que leurs vies sont réduites au rang de simples chaises et de tables, ils se suicident. »

Eh oui, nos enfants ont besoin des valeurs qui ont permis à l'humanité de survivre et de se développer ! Ils ont besoin de trouver un sens qui les transcende, de rêver leur vie, de se dire qu'ils vont changer le monde et qu'ils en ont le pouvoir ! Un film comme *Les Intouchables*, avec plus de 23 millions d'entrées dans le monde, prouve par exemple que la bienveillance, l'entraide et la solidarité peuvent nous mobiliser. Nos valeurs nous structurent, donnent une signification à ce que nous vivons, nous indiquent une direction à suivre

1. Édition originale : *The Will to Meaning: Foundations and Applications of Logotherapy* (Meridian, 1988). Traduction française de Georges-Elia Sarfati.

(ou à ne pas suivre) : lorsque nous en avons pris conscience, elles dictent nos comportements et nos choix.

Dans ma bibliothèque, j'ai un autre livre, court mais très édifiant : *La Dernière Lettre. Paroles de résistants fusillés en France* (1941-1944) (Magnard, 2011). C'est un recueil émouvant et éclairant des derniers écrits de résistants condamnés à mort lors de la Seconde Guerre mondiale. Tous parlent de leurs valeurs : liberté, fraternité, amour de la famille et de la patrie. Tous trouvent du sens à leur mort, et aucun ne regrette son engagement ni ses choix :

« Merci… Vous savez que j'ai eu une vie heureuse, une vie dont je n'ai rien à regretter… Et je meurs pour ma foi. »

France Bloch-Sérazin

« Papa, je t'en supplie, prie, songe que si je meurs c'est pour mon bien. Quelle mort sera plus honorable pour moi ? Je meurs volontairement pour ma patrie… Adieu, la mort m'appelle, je ne veux ni bandeau, ni être attaché. »

Henri Fertet (16 ans)

« Il y a la joie d'avoir fait mon devoir… Ensuite, il y a l'immense plaisir d'avoir pu, jusqu'au bout, faire du bien autour de moi. »

Jean de Neyman

Un effet structurant qui rend nos enfants responsables

Après avoir éduqué mes cinq enfants, après avoir accompagné de nombreux parents, leurs fils et leurs filles à travers les Ateliers du Positif, il me semble aujourd'hui que nous devons nommer nos valeurs et les partager avec nos enfants. Cela nous permet de les éduquer de manière à ce qu'ils puissent forger leur conscience morale, pour avoir de l'assurance, de la détermination et de la volonté.

Une boussole pour orienter ses choix

« Il y a un an, j'ai listé mes valeurs et je les ai classées selon ma propre hiérarchie. Je mesure aujourd'hui combien cela me simplifie la vie. Lorsque j'ai des décisions à prendre, je me réfère à ma liste et je ne me prends plus la tête comme avant ! Mes choix sont plus clairs : je sais ce que je veux et ce que je ne veux pas. Je suis plus franche dans ce que je décide et je ne regrette rien par la suite. »

Sandra

Parce que les valeurs ne s'enseignent pas mais qu'elles doivent être vécues, comme l'écrit Viktor Frankl, il s'agit aussi d'éduquer nos enfants de façon cohérente et *congruente*. La congruence, c'est l'idée d'un alignement tête/cœur/corps (la tête étant le siège de nos valeurs et de nos pensées, le cœur celui de nos sentiments et de nos affects, et le corps mettant le tout en mouvement). Ainsi, en tant que parent, j'ai à faire ce que je dis et ce que je pense, à dire ce que je fais et à agir selon mes valeurs. De cette façon, je permets à mes enfants d'accéder à la responsabilité : ils apprennent en me regardant vivre, davantage qu'en m'écoutant !

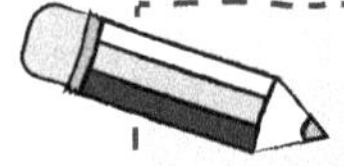

Exercice

Aucune communauté humaine n'est viable sans un accord sur les valeurs primordiales partagées par ses membres. Bien entendu, ce principe est valable au sein du couple et de la famille ! Toutefois, on peut avoir un ordre de priorité, une hiérarchie de valeurs différents de ceux de son compagnon ou de sa compagne. Mon conjoint et moi-même nous accordons par exemple sur le fait que nous priorisons l'amour, le respect et la croissance. Mais avant la valeur de l'amitié, qui est capitale à ses yeux, je fais passer la spiritualité. Nous nous accordons néanmoins sur le principal, et l'amitié m'est chère, tout comme la spiritualité lui est importante.

À mes yeux, il est fondamental d'établir ainsi la liste de ses valeurs essentielles. Vous pouvez le faire ci-dessous (seul dans un premier temps, puis en famille), en vous inspirant si vous le voulez de la liste de valeurs que je vous suggère.

Pour moi, la valeur la plus importante, c'est :

....

....

....

....

Puis :

....

....

....

....

....

La troisième :

....

....

....

....

La quatrième :

....

....

....

....

Et puis une cinquième :

....

....

....

....

LISTE DE VALEURS DONT VOUS POUVEZ VOUS INSPIRER :

- famille / amitié / amour / fidélité ;
- franchise / honnêteté ;
- courage / honneur ;
- santé / beauté ;
- instruction / progrès social / excellence ;
- écologie / environnement ;
- autonomie / responsabilité / travail / discipline ;
- sécurité ;
- plaisir / bonheur / fierté / liberté ;
- autorité / obéissance ;
- argent / pouvoir / matérialisme / réussite sociale ;
- patrimoine / religion ;
- engagement social / justice / respect ;
- langue / littérature / culture.

La famille, source de plaisir ou source de sens ?

La vie de famille est-elle aussi heureuse et épanouissante qu'on veut bien nous le dire ? Pas forcément ! Une étude menée par Argyle[2] (en 1999) montre que nous entamons notre vie de couple de manière plutôt heureuse. Ce sentiment de bonheur s'atténue en général à l'arrivée du premier enfant, réapparaît lorsque celui-ci entre à l'école primaire, puis faiblit de nouveau, pour toucher le fond… durant l'adolescence de cet enfant ! Enfin, le bonheur revient à son niveau initial lorsque le jeune quitte la maison. Beaucoup de parents vivent à ce moment-là une seconde jeunesse, comme Sabine Azéma et André Dussolier dans le film *Tanguy*…

2. ARGYLE, M. *Causes and correlates of happiness*. In : KAHNEMAN D., DIENER E., SCHWARZ N. *Well-being: The foundations of hedonic psychology*. New York : Russell Sage Foundation, 1999, p. 353-373.

Cette étude dévoile toute la complexité de nos sentiments et les paradoxes que nous vivons, nous, parents. Aussi, dites-vous bien que vos doutes, vos interrogations et vos moments de découragement sont *parfaitement légitimes* !

En 2004, une autre enquête[3] s'est intéressée à l'emploi du temps de 900 mères originaires du Texas. Kahneman et ses collaborateurs ont demandé à ces jeunes femmes de se replonger mentalement dans chacune des activités de leur journée, d'indiquer dans quelle mesure elles avaient ressenti du plaisir (bonheur, chaleur, amusement) ou du déplaisir (frustration, tristesse, colère, anxiété) durant ces occupations. Chaque émotion devait être notée selon un barème de 1 à 6. Voici les résultats associés aux sentiments de plaisir :

Activité	Plaisir ressenti (sur une échelle de 1 à 6)
Faire l'amour	4,70
Voir des amis	4,20
Se détendre	3,91
Faire du sport	3,81
Prier ou méditer	3,76
Manger	3,75
Regarder la télévision	3,61
Faire une sieste	3,27
Préparer à manger	3,24
Faire les courses	3,21
Téléphoner	3,10
Ordinateur/Internet/E-mails	3,01
Corvées ménagères	2,96
Prendre soin des enfants	2,91
Travailler	2,65

3. KAHNEMAN D., KRUEGER AB, SCHKADE DA, SCHWARZ N, STONE AA. *A survey method for characterizing daily life experience: the day reconstruction method. Science*, 2004, vol. 306, n° 5702, p. 1776-1780.

Bien sûr, ces résultats ne sont que des moyennes, obtenues en interrogeant un panel de personnes. Et peut-être vos propres réponses aux questions posées auraient-elles été totalement différentes ! Cependant, d'autres études vont dans le même sens (par exemple, celle de Di Tella, de Mac Culloch et d'Oswald[4], en 2003) : globalement, il semblerait que nous prenions plus de plaisir à faire la vaisselle ou les courses qu'à nous occuper de nos enfants !

De fait, notre progéniture est loin de nous apporter du plaisir à chaque instant. Et prendre soin des enfants au quotidien nous empêche bien souvent de vivre d'autres moments, essentiels au bonheur : une sortie entre amis, la lecture d'un bon livre, la possibilité de faire l'amour tranquillement… Pourtant, dans le même temps, nous éprouvons énormément d'amour pour nos enfants. Nous parlons d'eux à la moindre occasion, nous « fondons » en les voyant jouer ou en les écoutant chanter. Alors, comment faisons-nous pour vivre et assumer un tel paradoxe ?

D'abord, il faut dire que nous nous souvenons principalement des moments les plus intenses de notre vie, et pas forcément des activités les plus typiques de notre quotidien. Aussi, lorsque nous pensons à nos enfants, nous nous rappelons les moments où ils nous ont le plus touchés (premiers mots, déclarations d'amour, câlins) et nous avons tendance à occulter leurs pleurs et nos reproches (« Touche pas à ça ! », « Fais tes devoirs ! », « Arrête d'embêter ta sœur ! »).

Autre piste de réflexion, pour le moins surprenante : selon d'autres études, plus nous payons cher quelque chose, meilleur nous le trouvons ! Ainsi, dans son ouvrage *Pourquoi les gens heureux vivent-ils plus longtemps ?* (Dunod, 2010), Jordi Quoidbach, docteur en psychologie, chercheur et professeur à l'université Pompeu Fabra de Barcelone, écrit : « Étant donné le prix considérable que nous payons (du changement de couches aux premières bêtises de l'adolescence), nous rationaliserions notre investissement en concluant que le bonheur que [nos enfants] nous apportent le vaut bien. »

Le bonheur, comme le disent les philosophes depuis quelques milliers d'années, repose sur deux théories que l'on peut considérer comme complémentaires :

4. DI TELLA R., MAC CULLOCH RJ., OSWALD AJ. *The macroeconomics of happiness. The Review of Economics and Statistics*, 2006, vol. 85, n° 4, p. 809-827.

- l'*hédonisme*, qui met en avant la recherche des plaisirs de l'instant présent ;
- l'*eudémonisme*, qui donne la priorité à la recherche du sens dans ce que nous vivons.

Les scientifiques nous prouvent aujourd'hui que la vie de famille relève clairement de l'eudémonisme : elle donne du sens à notre existence, mais pas toujours beaucoup de plaisir sur le moment !

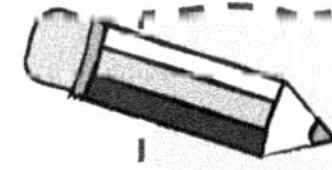

Exercice

Les émotions dites « négatives » (stress, colère, tristesse, etc.) jouent un rôle essentiel dans notre adaptation à notre environnement et dans notre survie. Depuis la nuit des temps, la peur nous pousse instinctivement à nous cacher, et la colère nous met en condition d'attaquer. Pendant des années, la psychologie s'est attachée à étudier ces émotions désagréables, afin de connaître leur rôle et de nous aider à les combattre (parfois au moyen de certaines molécules médicamenteuses).

Aujourd'hui, la psychologie positive s'intéresse à l'impact des émotions sur nos comportements. Cette discipline postule que, parce qu'il est très difficile d'éprouver à la fois des émotions positives ET négatives, on peut contrer l'effet persistant des émotions désagréables en tentant d'éprouver délibérément des sentiments agréables. Dans son livre *Positivity* (Harmony, 2009), Barbara Fredrickson (chercheuse à l'université de Chapel Hill en Caroline du Nord, née en 1964) prouve ainsi que les émotions positives nous aident :

- à surmonter les difficultés et à nous remettre plus rapidement d'un événement déplaisant ;
- à bâtir des ressources physiques, intellectuelles, sociales et psychologiques importantes et durables ;
- à améliorer notre bien-être émotionnel ;
- à élargir notre attention et notre pensée, en nous rendant plus créatifs et plus ouverts aux autres (nous nous amusons plus, sommes plus flexibles et conciliants).

...

...

Pour amplifier vos émotions positives et bénéficier de leurs atouts, vous pouvez vous prêter à l'exercice suivant :

• Souvenez-vous de trois moments au cours desquels vous avez été heureux avec votre/vos enfants. Ci-dessous, décrivez exactement comment cela s'est passé, comme si vous racontiez l'histoire à quelqu'un, sans vous soucier de la syntaxe ni de l'orthographe !

....

....

....

....

....

• Essayez de retrouver toutes les émotions agréables qui vous ont habité pendant ces moments, et ce que vous avez fait ou dit (au besoin, inspirez-vous de la liste d'émotions ci-dessous). Recherchez aussi les valeurs qui sous-tendent chacune de ces occasions, et le sens qu'elles ont pour vous.

....

....

....

....

....

....

• Listez les autres situations dans lesquelles vous ressentez du plaisir à être avec vos enfants… et arrangez-vous pour vivre, avec chacun d'eux, au moins un moment agréable par jour !

....

....

....

....

....

....

LISTE D'ÉMOTIONS POSITIVES DONT VOUS POUVEZ VOUS INSPIRER :

- absorbé
- affection (plein d')
- à l'aise
- alerte
- allégé
- allègre
- amical
- amour (plein d')
- amoureux
- amusé
- animé
- ardeur (plein d')
- attentif
- au septième ciel
- aux anges
- aventureux
- béat
- bonne humeur (de)
- calme
- captivé
- centré
- charmé
- comblé
- compatissant
- concentré
- concerné
- confiant
- content de soi
- courage (plein de)
- curieux
- délassé
- détaché
- détendu
- ébloui
- effervescence (en)
- égayé
- emballé
- ému
- enchanté
- encouragé
- énergie (plein d')
- enflammé
- enjoué
- enthousiasmé
- entrain (plein d')
- épanoui
- étonné
- étourdi
- éveillé
- exalté
- excité
- expansif
- expectative (dans l')
- extase (en)
- exubérant
- fasciné
- fier
- fou de joie
- gai
- galvanisé
- gonflé à bloc
- gratitude (plein de)
- grisé
- haletant
- harmonie (en)
- heureux
- hilare
- humeur enjouée (d')
- humeur espiègle (d')
- impatient
- impliqué
- insouciant
- inspiré
- intéressé
- intrigué
- joyeux
- libre
- liesse (en)
- optimiste

...

...

- paisible
- paix (en)
- pétillant
- plaisir (qui a du)
- porté à aider
- proche
- radieux
- radouci
- rafraîchi
- ragaillardi
- rasséréné
- rassuré
- ravi
- ravigoté
- rayonnant
- réconforté
- reconnaissant
- réjoui
- rempli d'espoir
- revigoré
- satisfait
- sécurisé
- sensibilisé
- sensible
- serein
- soulagé
- stimulé
- surexcité
- tendresse (plein de)
- touché
- tranquille
- transporté de joie
- vie (plein de)
- vivant
- vivifié

L'éducation, un engagement

Ce que vous êtes résonne tellement fort à mes oreilles
que je n'entends pas ce que vous dites

Ralph Waldo Emerson

Il existe aujourd'hui beaucoup de méthodes pour aider les parents à éduquer leurs enfants. Elles sont, pour la plupart, fondées sur la communication verbale (ce que je peux dire lorsque mon enfant fait ceci ou dit cela). Toutefois, les mots en eux-mêmes représentent une part peu importante de la communication (environ 10 %). Ce qui compte en la matière, c'est *comment* vous dites les choses, et surtout, *ce que vous êtes !*

Joan Pawnee, femme-médecine des Nipissing au Canada, raconte le rite de passage qui, dans cette nation amérindienne, amenait les adolescents vers leur vie d'homme. Au cours de ce rite, les jeunes entraient dans une hutte de sudation où tous les anciens étaient réunis. Tour à tour, chacun des enfants se présentait devant ses aînés, et ces derniers s'engageaient, l'un après l'autre, à transmettre au jeune un savoir, une aptitude ou une compétence particulière.

Aujourd'hui, il n'existe plus de rites de passage. Souvent, les enfants sont éduqués seulement par leurs deux parents (ou même par un seul des deux !), et ces derniers comptent beaucoup sur l'Éducation nationale pour la transmission des connaissances et des savoir-être. Pourtant, en partageant ce qu'ils ont de meilleur en eux, les parents peuvent contribuer au bien-être de leurs enfants, tout en donnant du sens à leur propre existence. Ainsi, pour moi, la transmission pourrait être l'une des définitions de la parentalité.

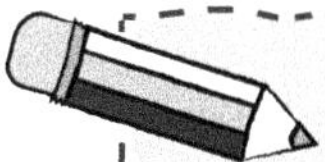

Exercice

De par leur authenticité, nos enfants nous offrent l'occasion de nous améliorer, jour après jour. Tout au long de mon cheminement personnel, mes propres enfants m'ont fait réaliser que j'exigeais d'eux des choses dont, moi-même, je n'étais pas capable.

Par exemple, je leur demandais de ne pas crier tout en hurlant moi-même, ou de ne pas se disputer alors que je me querellais avec leur père. De rester attentifs et concentrés, tandis que je ne parvenais pas toujours à lire sans me laisser happer par autre chose. D'aller au lit suffisamment tôt pour dormir assez longtemps – alors que j'avais bien du mal, personnellement, à écourter ma soirée pour me coucher à une heure raisonnable...

De même, vous pouvez prendre conscience de vos propres incohérences. Dressez d'abord la liste de ce que vous reprochez régulièrement à vos enfants. Puis, tranquillement et simplement, en tentant de ne pas vous juger vous-même, regardez si vous êtes irréprochable sur les aspects que vous leur signalez... Et si vous l'êtes, demandez-vous ce que cela vous coûte !

....

....

....

....

....

Concentrez-vous sur l'essentiel !

Durant de nombreuses années, j'ai accompagné des personnes en fin de vie. Cette expérience est l'un des moments fondateurs de mon existence, l'un des constituants du terreau dans lequel, jour après jour, je puise mon énergie.

J'ai encore, au creux de la mienne, l'empreinte des mains de celles et ceux qui ont voulu, avant de mourir, me transmettre ce qui leur paraissait primordial : « Ma petite fille, ne fais pas toutes les erreurs que j'ai pu faire : profite de la vie ! Il y a des choses essentielles, et puis il y en a d'autres auxquelles on consacre beaucoup de temps, mais dont il ne reste rien. » La plupart de ceux que j'ai accompagnés avaient des remords, regrettaient de ne pas s'être concentrés sur les aspects fondamentaux de l'existence. Ils me parlaient toujours des mêmes choses : « J'ai consacré trop de temps au travail », « Je n'ai pas su dire à ceux que j'aimais combien je les aimais », « Je ne me suis pas autorisé à être celui que j'étais au fond de moi-même »...

Trop souvent, nous ne reconnaissons la valeur des choses ou des gens qu'une fois que nous les avons perdus. C'est pourquoi il est capital de prendre conscience de nos regrets, de ce qui constitue pour nous l'essentiel. Ainsi, nous pouvons repenser nos vies avant qu'il ne soit trop tard, et nous évitons de saboter la richesse du présent...

Dans leur livre *Chocolat chaud pour l'âme, 80 histoires qui réchauffent le cœur et remontent le moral* (J'ai lu, 2014)[5], Jack Canfield et Mark Viktor Hansen rapportent cette histoire qui nous rappelle où réside l'essentiel :

« David, mon voisin immédiat, a deux enfants de 5 et 7 ans. Un jour, il apprenait à son fils aîné à passer la tondeuse à gazon [...], [et celui-ci] poussa la tondeuse directement dans le massif de fleurs bordant la pelouse – laissant un chemin de 60 centimètres complètement rasé ! Lorsque David vit ce qui s'était passé, il perdit son sang froid. Il avait mis beaucoup de temps et d'efforts à faire de ces massifs de fleurs l'envie de tout le voisinage. Alors qu'il commençait à élever la voix, sa femme [...] mit sa main sur son épaule et dit : "David, s'il te plaît, rappelle-toi... Nous élevons des enfants, pas des fleurs !" »

5. Édition originale : *Chicken Soup for the Soul* (Health Communications, 1993). Traduction française de Claire Stein.

L'essentiel et l'accessoire

« Il est parti l'hiver dernier. Il m'agaçait quand il se mettait à parler politique, et je n'aimais pas son vieux pardessus élimé. J'étais toujours débordée, alors je passais le voir "en coup de vent". Une bise, un "Ça va ?", et je repartais. Pourtant, aujourd'hui, je ne sais pas ce que je donnerais pour revoir son air enjoué lorsqu'il descendait à la cave "nous en chercher une bonne", pour sentir à nouveau son haleine et ses vêtements parfumés par l'odeur de la pipe qu'il fumait après son repas, calé dans son fauteuil. »

Hélène

« Cette semaine, j'ai fait une découverte incroyable qui a allégé mes soirées : j'ai compris que le fait que mes enfants mettent leurs chaussons est important, mais pas essentiel ! »

Fanny

Prenez le temps de vivre ce qui compte pour vous...

Nous consacrons toute notre énergie à « gérer » notre vie, à aller d'urgence en urgence : le téléphone qui sonne, les repas à préparer, les réunions parents-profs, les rendez-vous des uns et des autres, les trajets pour accompagner les enfants à leurs activités, les leçons à faire réciter… sans compter nos tâches professionnelles ! Nous nous obligeons aussi à pratiquer une activité sportive parce que c'est nécessaire, ou encore à passer chez le coiffeur pour garder un aspect engageant. Et, dans le meilleur des cas, pour retrouver un peu de sérénité, nous nous octroyons un cours de yoga ou de relaxation… Ouf !

Dans ce contexte, « diriger » sa vie, ce serait se demander : « Qu'est-ce qui m'est essentiel ? Et, lorsque j'aurai choisi ce qui compte le plus pour moi, quelles conséquences ce choix peut-il avoir dans ma vie ? » Un peu comme quand nous choisissons un caillou, pour le lancer dans l'eau d'un lac et observer les ondes qui se propagent jusqu'à la rive…

Dans son livre *Les sept habitudes de ceux qui réalisent tout ce qu'ils entreprennent* (First, 2005)[6], Stephen Covey (ancien conseiller du président Clinton) raconte cette anecdote :

« Un père s'apprête un jour à partir avec ses enfants pour le cirque, une sortie promise depuis longtemps. Au moment où ils quittent la maison, le téléphone sonne : on lui demande de venir travailler. Mais il refuse. Lorsque sa femme émet l'idée qu'il aurait peut-être dû se rendre à son travail, il répond : "Le travail n'a pas de fin, l'enfance en a une." Et, pendant toute leur vie, ses enfants se sont souvenus de la façon dont il avait fixé cette priorité. Ils ont retenu ce soir-là non pas une leçon, mais une preuve d'amour. »

Décider de ce qui est essentiel pour nous, c'est aussi s'interroger sur le sens que nous voulons donner à notre passage sur terre : que souhaitons-nous transmettre à nos enfants, comment voudrions-nous qu'ils parlent de nous après notre mort ?

Dans son ouvrage *Le Jardin d'Épicure. Regarder le soleil en face* (Galaade, 2011)[7], l'écrivain américain Irvin Yalom évoque la notion de *ripling* : « Le *ripling* atténue la souffrance de l'impermanence en nous rappelant que quelque chose de chacun de nous perdure, que nous en ayons conscience ou non. » C'est aussi selon cette idée qu'a été conçu le Mémorial des enfants de Yad Vashem à Jérusalem, dédié à la mémoire des victimes juives de la Shoah : tant que quelqu'un cite notre nom, quelque chose de nous perdure…

6. Édition originale : *The 7 Habits of Highly Effective People* (Simon & Schuster Trade, 1989). Traduction française de Magali Guenette.

7. Édition originale : *Staring at the Sun: Overcoming the Terror of Death* (Jossey Bass Wiley, 2009). Traduction française d'Anne Damour.

Des rituels qui créent du sens au fil du temps

Pour mettre l'accent sur l'essentiel et le privilégier au quotidien, pour vivre notre existence avec le moins de regrets possible parce que nous aurons osé être nous-mêmes, pour transmettre à nos enfants ce que nous désirons qu'ils retiennent de nous, la psychologie positive nous propose d'instaurer des *rituels*. C'est ce que nous faisons instinctivement lorsque nous apprenons à nos enfants à se laver les dents tous les soirs avant de se coucher, par exemple. Au départ, il faut mettre dans ce geste de la conviction et de la volonté, et puis un beau jour, cela devient un rituel, naturel et fluide – j'imagine que ce n'est plus un effort pour vous de vous brosser les dents !

Dans le Nord de la France, pour Noël, on prépare une « coquille » (ou « couque »), brioche en forme de bonhomme à deux têtes. Quand j'étais petite, ma mère pétrissait notre « couque » et la cuisait le soir du 24 décembre. Je me souviens encore de son odeur caractéristique, qui remplissait la maison à quelques heures du réveillon et qui est restée pour moi « l'odeur de Noël » – avec celle du sapin, bien sûr. Devenue mère, j'ai reproduit cette coutume régulièrement, mais probablement pas lors de *tous* les Noël (pas si nous étions invités pour le réveillon, par exemple). Et, surtout, je ne préparais pas ma brioche avec la conscience que c'était là un geste essentiel, que je voulais transmettre. Pourtant, cette habitude est précisément de celles qui font dire aujourd'hui à mes enfants : « Je me souviens… », et à mes petits-enfants « C'est la recette de Nanou ! ».

De la même façon, beaucoup de nos rituels peuvent être transmis à nos enfants et petits-enfants, pour qu'ils puissent dire un jour : « Maman préparait notre petit déjeuner comme ça… », « Ma grand-mère disait… », « Je me souviens de mon père qui prenait ma mère par la taille de telle façon… », « Mon grand-père était quelqu'un d'engagé et de généreux : il a fait… ».

Des rituels à deux ou en famille

« J'aimais beaucoup courir, mais il y avait toujours un tas d'autres choses à faire. Par exemple, j'avais souvent du mal à laisser "en plan" un gros tas de repassage, ou à ne pas préparer le gâteau préféré de mes enfants... Jusqu'au jour où ma meilleure amie et moi avons décidé de courir deux fois par semaine. Tous les lundis et tous les jeudis, nous nous retrouvions à la même heure. Sauf cas de force majeure, nous n'avons jamais manqué un rendez-vous : nous savions que l'autre nous attendait, et par respect pour elle, nous ne nous serions pas décommandées ! Ensemble, pendant des années, nous avons sillonné les beaux paysages de Loire, et c'est l'une des plus grandes joies de ma vie. »

Caroline

Les rituels que l'on instaure peuvent être tout simples. Chez Marc, tous les jeudis soirs, il y a un « apéro » en famille : « C'est comme une petite mise en bouche avant le week-end ! On en parle dès le matin, et quand le moment arrive, il y a une certaine excitation qui monte : c'est un rendez-vous que chacun attend ! »

Marc

Parmi les rituels que Gaëlle préfère, il y en a un qu'elle a instauré avec son mari : « Tous les ans, pour notre anniversaire de mariage, mon mari prépare un week-end de trois jours et je profite de ses surprises ! Nous faisons garder les enfants et ils en parlent en disant : "C'est la fête de papa et maman !" ».

Gaëlle

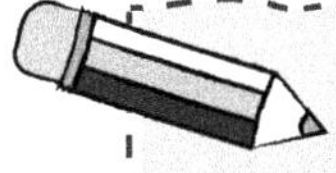

Exercice

Un par un, mes enfants se sont envolés du nid et la maison s'est vidée, jusqu'au départ de mon dernier fils, il n'y a pas si longtemps. Cela m'a fait prendre conscience de certains regrets que je n'avais pas ressentis auparavant, faute de disponibilité... De votre côté, n'attendez pas : vous pouvez réfléchir dès à présent sur ce que vous regrettez, en réalisant l'exercice suivant !

- Prenez une feuille blanche et partagez-la en deux colonnes, dans le sens de la hauteur. À gauche, listez tous vos regrets PAR ÉCRIT (c'est douloureux, je sais, mais je vous encourage vraiment à en faire l'effort !). Regrettez-vous de ne pas vous sentir disponible et à l'écoute lorsque vos enfants rentrent le soir ? De ne pas encore avoir pris le temps d'accompagner votre dernier à un match de foot que vous auriez regardé jusqu'au bout ? De n'être jamais allé visiter avec vos enfants une ville ou un endroit que vous aimez, ou que vous souhaiteriez découvrir avec eux ? De n'avoir encore jamais organisé de « cousinade » pour leur faire connaître un peu mieux les membres de leur famille, dans la joie, sans attendre le prochain enterrement ?
- À droite, face à chaque regret, écrivez ce que vous voulez faire dorénavant, en utilisant une tournure affirmative (ex. : « Je vais faire ceci ou cela », et non pas : « Arrêter de faire ceci » ou « Ne plus faire cela »).
- À partir de cette liste et de la liste de vos valeurs établie lors du premier exercice, mettez en place un ou des rituels avec chacun des membres de votre famille. Parlez-en avec chacune des personnes concernées, et faites en sorte que les habitudes instaurées deviennent essentielles. Voici quelques pistes pour vous inspirer :

...

...

a. Si vous regrettez de ne pas être disponible le soir lorsque vos enfants rentrent, vous pourriez décider d'acheter un repas tout prêt et de passer un vrai bon moment tous ensemble, une fois par semaine, lorsque vos emplois du temps respectifs le permettent (« Le mardi, c'est soirée pizza ! »). Ce soir-là pourrait devenir pour tous un moment doux, chaud et ressourçant, plein d'amour et de joie !

b. Si l'une de vos valeurs est l'apprentissage (vous êtes passionné d'architecture, d'histoire, de musique, de nature, etc.), instaurez à intervalles réguliers une visite, une balade, un concert, une séance de cinéma (par exemple, tous les premiers samedis du mois). Vous pourrez ainsi partager votre passion avec vos enfants.

c. Votre aînée adore le shopping ? « Ritualisez » deux heures dans les magasins, que vous passerez seul(e) avec elle à échéances régulières.

d. Votre second est gourmand ? Institutionnalisez un goûter dans son salon de thé préféré, rien que tous les deux, tous les troisièmes mercredis du mois.

e. Votre cadet aime se défouler ? Consacrez-lui une balade à vélo à date fixe, sans ses frères et sœurs.

Mes regrets	Mes décisions

CHAPITRE 2

AMOUR, BIENVEILLANCE, CONFIANCE, EMPATHIE : QUATRE PILIERS POUR UNE FAMILLE

Aimer ses enfants pour ce qu'ils sont

Pour le mariage de mon fils aîné, je lui ai écrit : « J'ai pour toujours l'empreinte et l'odeur de ton petit corps de bébé dans le creux de mon bras… » De fait, l'amour est sans doute la plus *incarnée* de toutes les valeurs universelles, celle qui prend sens dans les liens que tisse une famille.

Mais aimer mon fils, ce n'est pas seulement éprouver pour lui ce type de sentiments. C'est aussi lui montrer que je le considère comme un homme unique, à part entière, différent et distinct de moi, qui me complète, me grandit et m'embellit de par sa singularité.

Aimer mon enfant, ce n'est pas le réduire à ce que j'aimerais qu'il soit ou qu'il fasse, pour me renvoyer une image flatteuse de moi-même. Trop souvent, nous attendons de nos enfants qu'ils nous renvoient cette image du « bon parent », pour réparer une confiance en nous et une estime de nous-mêmes défaillantes. Dans son livre *Le désir infini de trouver un sens à sa vie* (Éditions Astra, 1987)[8], Harold S. Kushner, rabbin new-yorkais très populaire, écrit ainsi : « Si vous aimez quelqu'un parce qu'il essaie toujours de vous plaire, parce qu'il ne fait que ce que vous voulez qu'il fasse, ce n'est pas de l'amour. Ce n'est qu'un moyen détourné de vous aimer vous-même. »

8. Édition originale : *When everything you've always wanted isn't enough: the search for a life that matters* (Touchstone, 1986). Traduction française : collectif.

Quand nous projetons sur nos enfants nos rêves irréalisés...

« Mon père a toujours voulu que mon frère aîné soit pilote de chasse dans l'armée, parce que c'est quelque chose qu'il n'avait pas pu faire lui-même. »

Jean

Parfois, nous avons tendance à rêver d'enfants qui seraient des répliques abouties de nous-mêmes. Comme si le fait de les entendre penser, agir ou parler comme nous, « validait » notre propre identité et, dans le même temps, nous sécurisait. À l'inverse, lorsqu'ils ne sont pas brillants à l'école, pas polis à souhait, pas habillés comme nous le souhaiterions, nous prenons l'attitude de nos enfants comme une attaque personnelle, comme une menace pour l'image que nous voudrions donner de nous-mêmes et de notre famille…

Un sentiment inconditionnel

Aimer son enfant d'un amour inconditionnel, c'est l'accepter pour ce qu'il est, sans attendre d'être aimé en retour.

Une colère enveloppée d'amour

« J'ai vécu un moment très intense cette semaine : j'ai compris dans mon cœur et dans mon corps le sens des mots "empathie" et "amour". Mon petit garçon de 3 ans a fait une grosse colère parce que je ne faisais pas ce qu'il me demandait. Je n'ai pas lâché : j'ai reçu sa colère, je l'ai enveloppée d'amour et je la lui ai retournée, avec toute ma joie. Sa colère a disparu. »

Sandrine

Exercice

- Fermez ce livre et fermez les yeux. Souvenez-vous d'un mot, d'une parole désagréable échangée avec l'un des membres de votre famille. Décrivez la scène ci-dessous, en quelques mots.

....

....

....

....

....

....

....

....

....

....

....

....

....

....

....

....

....

....

....

- Revoyez la scène et, mentalement, transmettez à la personne concernée un message d'amour. Enveloppez son image d'une belle lumiere et parlez-lui doucement, en lui disant combien vous l'aimez. Comme une caresse verbale qui permettrait de revenir à l'essentiel...

Comment cultiver la bienveillance envers nos enfants ?

Tout parent est naturellement bienveillant avec son enfant. Il n'y a qu'à observer une jument en train de regarder son poulain qui s'ébat dans les prés : elle est attentive à ce qu'il fait, accepte avec tendresse le besoin qu'il a de s'ébrouer, de courir après les papillons qu'il rencontre. Elle sait qu'il lui faut découvrir son environnement, que ses demi-tours sont parfois mal anticipés, qu'il va devoir faire l'expérience des accidents de terrain, qu'il va parfois tomber et s'écorcher le genou, ou recevoir un coup de pied de l'un de ses congénères qu'il aura bousculé.

Pour nous, parents, toute la difficulté réside dans le fait de rester bienveillant quand notre enfant nous agace, nous irrite, nous fatigue. Lorsqu'il enfreint les règles, « dépasse les bornes »…

La bienveillance repose sur l'idée qu'en matière d'éducation, il est contre-productif de faire souffrir, de dominer, d'humilier. Elle fait appel à d'autres valeurs telles que la tolérance, l'acceptation de la personne qu'est notre enfant et du chemin qu'il doit parcourir pour grandir.

Pour pouvoir être bienveillant avec ses enfants, il faut d'abord l'être avec soi-même, en acceptant ses propres imperfections et échecs. Être capable de se regarder soi-même avec cet amour bienveillant permet de se dire : « *J'ai fait du mieux que je pouvais, et c'est bien comme ça.* » À ce moment-là seulement, on peut accompagner ses enfants dans leurs propres imperfections et échecs.

Exercice

- Faites-vous preuve de bienveillance envers vous-même ? Pour répondre à cette question, souvenez-vous de moments où vous avez été en colère contre vous-même, d'une situation dans laquelle vous vous êtes senti coupable, pas à la hauteur, insignifiant, indigne, pas très fier de vous... Ensuite, demandez-vous : « OK, je ne suis pas satisfait(e) de la façon dont j'ai réagi, mais ai-je fait du mieux que je pouvais dans ce contexte précis ? » Après coup, « à froid », il est souvent plus facile de voir comment on aurait pu faire autrement...

....
....
....
....
....
....
....

- Remémorez-vous un moment où l'un de vos enfants a « dépassé les bornes », une situation dans laquelle vous avez pu être gêné, voire honteux par rapport à son comportement. Là aussi, en replaçant les événements dans leur contexte, en considérant les enjeux et les différents protagonistes en présence, pouvez-vous dire si votre enfant a fait du mieux qu'il pouvait ?

....
....
....
....
....
....
....

Que signifie vraiment l'empathie ?

« Empathie » : ce mot vous est certainement connu, et vous savez probablement de quoi il s'agit. Peut-être même vous apprêtez-vous à « sauter » ce paragraphe, en vous disant que c'est un sujet que vous connaissez, que vous n'apprendrez rien de plus sur la question. Et pourtant…

Je suis sûre qu'il n'y a pas si longtemps, vous avez eu avec quelqu'un une conversation au cours de laquelle vous vous êtes senti frustré, incompris. Après laquelle vous vous êtes dit : « Il ne m'a pas écouté. Il m'a sorti son argumentaire sans prendre en considération ce que je lui avais dit. »

C'est que ces échanges-là se passent « de tête à tête », argument contre argument. Nous écoutons en prévoyant déjà ce que nous allons répondre, et même en nous répétant intérieurement ce que nous allons dire, pour ne rien oublier. Nous nous laissons dominer par nos émotions, en oubliant l'objet de la discussion : comprendre ce que vit l'autre. Nous croyons déjà tout savoir, et nous voulons aller à l'essentiel pour régler le problème.

Entrer dans la maison de l'autre

Imaginez maintenant que vous sortez d'une séance de cinéma avec un ami, et que ce dernier vous donne son sentiment sur le film : « Je n'ai pas du tout aimé ! C'était plein de bons sentiments, trop larmoyant. » Que lui répondez-vous ? Soit vous vous mettez à approuver ses paroles (« C'est vrai, c'était pas terrible ! »), soit vous les désapprouvez (« Ah bon ? Moi, j'ai trouvé ça très vivifiant au contraire ! »). En fait, vous évaluez ce qu'il vient de vous dire à partir de vos propres ressentis et critères de jugement.

Bien sûr, nous parlons là d'une conversation anodine. Mais si nous appliquons la même logique lors d'une discussion conflictuelle, ou quand notre interlocuteur exprime une émotion très vive et prégnante pour lui, celui-ci peut avoir l'impression que notre empathie disparaît, que nous jugeons, minimisons, expliquons et résolvons… sans chercher à le comprendre !

Écouter, c'est accepter de lâcher ses propres croyances, d'être peut-être déstabilisé, pour entrer dans le monde de l'autre. Un peu comme si vous visitiez sa maison, en vous laissant guider : « Ah, c'est là que tu vis ! Et c'est ça que tu vois de ta fenêtre ! Oui, sers-moi un café, je vais prendre le temps… Je rentrerai chez moi plus tard. »

Pour autant, aller dans la maison de l'autre ne signifie pas que l'on va y vivre, ni qu'on la trouve forcément belle… En d'autres termes, écouter l'autre n'induit pas que vous deviez être d'accord avec tout ce qu'il vous dit ! Il s'agit simplement d'accepter sa réalité et son ressenti comme quelque chose de précieux, qui n'appartient qu'à lui, qui est vivant et affectant pour lui, d'instaurer une conversation « de cœur à cœur ».

L'empathie des enfants

« Avec Achille (4 ans) et Faustine (2 ans), nous avions beaucoup "travaillé" l'écoute et l'empathie. Une semaine après sa naissance, Mathilde, notre troisième enfant, a été admise en réanimation pour une maladie grave. Le premier jour d'hospitalisation, j'ai pris le petit déjeuner seul avec Faustine et Achille, puis je me suis dépêché de débarrasser. Un bol m'a échappé des mains, a virevolté, est tombé par terre et s'est cassé. Je l'ai accompagné d'un magnifique « PUTAIN DE MEEERDE... ! », crié bien fort. Réponse de Faustine : « Ah bah voilà, papa ! » Réponse d'Achille : « Non, Faustine, il ne faut pas dire "Ah bah voilà, papa !" On dit : "Papa, tu es énervé peut-être ?" Ça m'a fait sourire. Je lui ai dit qu'effectivement, il avait raison, et j'ai pensé que les enfants assimilent très vite ! »

Julien

L'écoute empathique, une autre manière de communiquer

Dans son livre *Between Parents and Child* (Random House Digital, 2009), Haïm Ginott (psychologue et enseignant américain, 1922-1973) écrit : « La sagesse commence par l'écoute. L'écoute empathique permet aux parents d'appréhender les sentiments que les mots essaient de transmettre, d'appréhender ce que ressentent les enfants […]. Il faut que les parents aient le cœur et l'esprit ouverts pour entendre des vérités de toutes sortes, qu'elles soient agréables ou pas. Mais bien des parents ont peur d'écouter car ils risquent de ne pas aimer ce qu'ils entendront.[9] »

Pour mieux saisir de quoi il retourne, comparez ces deux discussions entre un enfant et l'un de ses parents :

Un échange « ordinaire »	**La même conversation, basée sur l'écoute empathique**
« Elle est nulle, cette boîte de Lego. On peut pas faire de base avec ! – Comment ça, on peut pas faire de base ? – Ben non, regarde, y'a pas ces pièces-là (il montre un schéma sur un catalogue) ! – Tu les as peut-être perdues, elles doivent être sous ton lit… Tu as regardé ? – Non, mais de toute façon c'est pas cette boîte-là qu'il me fallait ! – Mais c'est celle que tu avais demandée pour ton anniversaire ! – Non, je t'avais dit que je voulais la même que Benjamin ! – Ça va jamais, t'es jamais content ! De toute façon, c'est l'heure de prendre ta douche ! »	« Elle est nulle, cette boîte de Lego. On peut pas faire de base avec ! – Tu es déçu par cette boîte de Lego ? – Oui, je peux pas faire ce que je veux avec ! – Tu peux pas faire ce que tu veux ? – Ben non, parce que Benjamin, lui, il peut faire une plate-forme… – Et toi, tu voudrais réussir à faire une plate-forme ? – Oui, comme Benjamin ! – Elle est comment la plate-forme de Benjamin ? – Elle a une pièce de base sur laquelle on peut construire dessus, et mettre une grue par exemple. Parce que moi, si je mets une grue comme ça, elle va pas tenir ! – Et comment pourrais-tu faire pour qu'elle tienne ? – Faudrait que je trouve des plus gros Lego pour fabriquer la base. – Il faudrait que tu en trouves des plus gros… – J'en ai, des plus gros, qui viennent de la boîte de la maison ! Je pourrais peut-être essayer de faire une base avec ça… – C'est une bonne idée, ça ! »

9. Cité par COVEY Stephen R. *La 3e voie*. Paris : First-Gründ, 2012.

Bien sûr, apprendre à communiquer de cette façon n'a rien d'évident pour nous. Avoir cette qualité d'écoute nous demande d'être plus attentifs, plus présents. Et, au départ, cela ne se fait pas forcément dans la fluidité…

Écouter avec empathie, c'est aussi accepter que l'autre puisse éventuellement m'influencer. À ce sujet, le psychologue humaniste américain Carl Rogers (1902-1987) écrit : « La compréhension comporte un risque. Si je me permets de comprendre vraiment une autre personne, il se pourrait que cette compréhension me fasse changer. Or, nous avons peur du changement. » (*Le développement de la personne*, Dunod, 1968)[10].

Résoudre les problèmes de nos enfants à leur place : une erreur à éviter !

En tant que parents, nous ne voulons pas voir souffrir nos enfants, et nous souhaiterions leur épargner les difficultés que nous avons nous-mêmes rencontrées. Ainsi, lorsqu'un de mes enfants venait me voir en me disant qu'il n'aimait pas tel ou tel de ses traits physiques, je lui répondais spontanément que c'était stupide de penser cela, et qu'il était magnifique ! Je ne réalisais pas que, ce faisant, je l'empêchais d'exprimer son inquiétude et sa détresse, et que je lui disais… qu'il était stupide !

Par amour, nous avons l'impression qu'il nous faut résoudre les problèmes de nos enfants, qu'il est de notre rôle de leur donner des conseils. Si notre fils ou notre fille se confie à nous parce qu'il a un problème, nous lui répondons souvent : « Eh bien, tu n'as qu'à faire comme ça ! », ou « Tu n'as qu'à lui dire ça ! », ou encore « Je vais m'en occuper ! ».

Or, « ouvrir son cœur » à son enfant ne signifie pas aplanir ses problèmes, ni les résoudre à sa place ! Ce sont là les dégâts d'une empathie mal comprise… Nos enfants ont besoin d'être confrontés à des difficultés et à des échecs, de ressentir parfois des émotions douloureuses, afin de trouver en eux-mêmes les ressources pour y faire face. Notre mission de parents n'est pas de leur épargner ces moments : à long terme, sans nous en rendre compte, nous les empêcherions de développer leur ingéniosité, leur esprit d'initiative, et les indispensables aptitudes relationnelles nécessaires pour décider de leur vie.

10. Édition originale : *On becoming a Person* (Houghton Mifflin Company, 1961). Traduction française : E.L. Herbert.

Au contraire, nous devons les élever de telle façon qu'ils acquièrent leur indépendance et deviennent conscients de leurs compétences. En leur permettant de répondre eux-mêmes aux difficultés qu'ils rencontrent, nous leur faisons confiance, et ils peuvent ainsi se dire : « Mes parents comprennent mes problèmes et savent que je suis capable de les résoudre. Ils m'estiment et me reconnaissent pour ce que je suis. » C'est ainsi qu'ils s'approprient leurs propres talents, qu'ils apprennent à se connaître, qu'ils obtiennent des victoires et prennent de l'assurance.

En bref, nous n'avons pas à agir de manière à ce que nos enfants se sentent mieux ! Mais nous avons à leur montrer que nous sommes là, pour les aider à se sentir plus solides.

Une qualité de présence

Avant d'être une technique compliquée, l'empathie est surtout une *qualité de présence*. Une façon simple et puissante de dire à son enfant : « Tu peux compter sur moi, je ne te jugerai pas. Je ne peux pas résoudre tes problèmes à ta place, parce que tu dois apprendre à organiser ta vie et à faire des choix par toi-même, mais tu peux être confiant dans le fait que je vais te soutenir. »

Un temps pour toutes les deux

« Marion me demande de monter dans sa chambre pour qu'elle puisse me réciter ses leçons. Suivant une vieille habitude, je lui propose de descendre avec ses cahiers, et de l'interroger pendant que je termine ma pile de repassage. Elle me regarde et me dit gentiment : "Maman, tu ne peux pas faire deux choses à la fois !" Cela l'attristait de devoir régulièrement me "partager" avec les tâches ménagères de la soirée (par exemple, de me réciter ses verbes irréguliers d'anglais pendant que je tournais ma béchamel). Elle m'a donné cinq minutes pour finir ma chemise et je l'ai rejointe dans sa chambre : nous avons pris un vrai temps pour nous deux. Cela m'a donné le cœur à siffloter ! »

Isabelle

Exercice

Au cours de leurs réunions, les Indiens d'Amérique ont recours au bâton de parole pour désigner celui qui est autorisé à parler. Tant que celui qui s'exprime tient le bâton en main, personne ne peut ni l'interrompre, ni commenter, ni juger ses paroles. L'auditoire peut seulement reformuler ce qui vient d'être dit, jusqu'à ce que celui qui parle ait le sentiment d'avoir été entendu. À ce moment-là seulement, le bâton circule vers quelqu'un d'autre. À son tour, celui qui vient de s'exprimer est astreint à écouter avec empathie. Cet enchaînement recommence jusqu'à la fin de la discussion.

Pendant les Ateliers du Positif, je pose symboliquement un bâton de parole au centre du cercle formé par les parents présents. Parler en utilisant cet objet leur paraît parfois long et astreignant. Il faut dire que nos vies sont tellement remplies que, souvent, nous estimons ne pas pouvoir prendre le temps de vraiment écouter l'autre. Nous sommes prisonniers de nos croyances et de nos agendas, qui nous poussent à « régler » les problèmes toujours plus vite… Pourtant, je peux vous assurer que l'utilisation d'un bâton de parole pourrait vous faire gagner beaucoup de temps par ailleurs ! Lors de vos conseils de famille[11], de vos discussions en couple ou avec l'un de vos enfants, cet objet permet de matérialiser l'empathie : il vous rappelle que c'est celui qui tient le bâton qui parle, jusqu'à ce qu'il ait le sentiment d'avoir été compris !

Vous pouvez facilement fabriquer vous-même votre bâton de parole !

- Un jour de balade, cherchez un joli bâton, agréable à tenir en main. Le bois est porteur de toute une symbolique chez

…

11. Voir chapitre 9.

...

les Amérindiens : le pin symbolise la paix, le bouleau, la vérité, le chêne, la force, le cerisier, l'amour ou une autre grande émotion, le noyer, l'énergie, etc.

- Vous pouvez décorer ce bâton avec des perles, dont les couleurs ont elles aussi un sens : le rouge pour la foi, le jaune pour l'amour, le bleu pour l'intuition, le vert pour la volonté, le gris pour l'amitié, le noir pour l'harmonie et l'écoute...
- Enfin, ajoutez des ornements issus des règnes minéral, végétal et animal, pour honorer le point de vue sacré de chaque créature vivante et visualiser l'harmonie du monde. Vous pouvez par exemple utiliser des plumes d'aigle représentant les idéaux, ou des plumes de dindon matérialisant la paix. Les peaux tannées symbolisent quant à elles les talents et les dons (peau de lapin pour l'habileté à écouter avec de grandes oreilles, crins de cheval pour la persévérance). En général, on place aussi un cristal clair au bout du bâton, pour représenter la clarté et la concentration.

Le cercle vertueux de la confiance

Par le regard bienveillant que nous portons sur eux, par nos mots et nos gestes empreints de confiance, nous pouvons conditionner le devenir et l'évolution de nos enfants : c'est ce que l'on nomme « l'effet Pygmalion ». Si je pense que mon fils ou ma fille a tel ou tel caractère, si je suis persuadée de ses compétences ou au contraire de ses insuffisances, je vais adopter des attitudes différentes vis-à-vis de lui ou d'elle, de façon non consciente. Et cela pourra l'influencer de telle sorte qu'il ou elle exprimera effectivement les caractéristiques que je lui prête.

Avec parfois beaucoup d'amour, avec l'intention de protéger nos enfants, il nous arrive ainsi de leur « couper les ailes ». Par peur, par manque de confiance en eux et surtout en nous-mêmes, nous leur transmettons nos propres croyances et nos limites. À l'inverse, plus je renvoie à mon enfant une image positive de son potentiel, plus il aura de chances de le réaliser. Plus j'ai confiance en lui, plus il osera, plus il sera exigeant envers lui-même, plus il développera d'ambition et moins il craindra les échecs. Alors, regardons nos enfants comme s'ils étaient des merveilles, et ils deviendront des merveilles ! Pour résumer : « Je pense, donc tu es » et « Je suis ce que tu penses de moi » !

« Il va y arriver ! »

« Avant, avec mes enfants, j'étais beaucoup dans le contrôle : je faisais tout à leur place, je leur rappelais les choses sans cesse... Maintenant je les "lâche" plus, je les laisse choisir et se prendre en main. Mon dernier a 6 ans, mais comme c'est le dernier nous le considérons encore comme un tout-petit ! Parfois, mon mari lui dit : "Je vais le faire, tu vas te couper !" Alors je le reprends et je lui dis : "Non, fais-lui confiance, il va y arriver !" »

Violaine

Être dignes de la confiance de nos enfants

Dans *Les sept habitudes de ceux qui réalisent tout ce qu'ils entreprennent*, Stephen Covey évoque l'idée d'un « compte affectif » : tout comme un compte bancaire sur lequel on dépose de l'argent pour pouvoir en retirer en cas de besoin, la relation que nous entretenons avec nos enfants doit être régulièrement nourrie par notre sincérité, des promesses tenues, de l'attention… De cette façon, les aléas et les contraintes de la vie quotidienne, qui consomment de l'énergie et de la patience, qui génèrent des tensions, peuvent « s'alimenter » sur un compte plein de réserves, comme le décrit S. Covey dans ce passage :

« Supposez que votre fils ait 15 ans et que vos conversations ordinaires se limitent à "Range ta chambre", "Baisse la musique", etc. Très vite, les retraits dépasseront vos crédits. Or, lorsque votre fils aura à prendre une décision déterminante pour sa vie, il aura besoin de vous… Si votre compte affectif est déficitaire, il ne pourra pas écouter vos conseils. Il prendra alors des décisions en se fondant sur ses émotions, en ne considérant son avenir qu'à court terme… Nous avons besoin de sentir que nos comptes sont crédités […]. Le meilleur versement possible reste cependant d'écouter simplement [votre enfant]. »

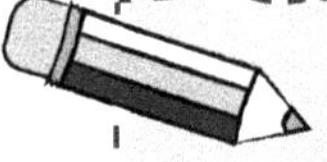

Exercice

Ma fille est née avec quelques jours de retard sur les prévisions du gynécologue. Elle n'était pas encore au monde que, déjà, nos amis, nos voisins, nos proches faisaient remarquer « sa différence », émettaient des commentaires sur « le caractère autonome et volontaire de celle qui ne se laissera pas marcher sur les pieds ! » Elle était encore à quatre pattes, se faufilant sous les meubles pour aller chercher le ballon lancé par ses frères, s'écorchant les genoux sur les cailloux du jardin pour les rejoindre, que nous validions ce que nous étions en train de construire pour elle : « Elle n'a peur de rien, elle est vaillante, elle a du caractère ! »

Aujourd'hui, je m'aperçois que, tout au long de son enfance, nous avons épié le moindre de ses actes, la moindre de ses paroles, pour repérer ce qui confirmerait notre pensée commune : « Sara est incroyable de volonté et de persévérance ». Ma fille, elle, levait les yeux au ciel en soufflant… Et je ne comprenais pas que nous lui mettions une sacrée pression, la contraignant à être toujours celle que nous attendions qu'elle soit, sous peine de nous décevoir – ce qui est insupportable pour une petite fille.

Elle a maintenant 28 ans, et elle est effectivement incroyable, volontaire, différente, courageuse… Peut-être trop.

Peut-être est-elle aujourd'hui prisonnière de ce que, collectivement, nous avons tous projeté sur elle. Nous en parlons quelquefois, mais rendez-vous compte : elle n'était même pas encore née qu'elle était déjà « étiquetée » ! Quel travail lui faudra-t-il faire sur elle-même pour se débarrasser de nos impressions, pour accepter d'être parfois paresseuse et pas si courageuse ?

Qui plus est, à l'époque, je me rendais d'autant moins compte de cet enrôlement qu'il était « positif ». Après tout, c'est flatteur de voir sa fille comme celle qui « ne se laissera pas marcher sur les pieds », vengeant au passage des générations de femmes soumises... Sauf que la voir comme une merveille, en l'occurrence, aurait plutôt signifié la laisser libre de devenir celle qu'elle voulait être, l'aimer inconditionnellement pour ce qu'elle nous offrait d'elle. Ni plus, ni moins...

- À votre tour, interrogez-vous... Inscrivez ci-dessous le prénom de chacun de vos enfants, suivi de tous les adjectifs et jugements (positifs ou négatifs) qui vous viennent à l'esprit lorsque vous pensez à chacun d'eux : il est drôle, elle est râleuse, il a des difficultés à l'école, elle est désordonnée, etc.

....

....

....

....

....

....

....

....

....

....

....

....

...

...

- Quelles peurs avez-vous pour chacun d'eux ?

- Quelles attentes projetez-vous sur chacun de vos enfants ? Souhaitez-vous que votre fils fasse du sport parce que vos parents ne vous y autorisaient pas, et qu'il devienne un champion ? Incitez-vous votre fille à étudier à la fac parce que cela ne vous a pas été possible, sans entendre qu'elle rêve de devenir boulangère ?

CHAPITRE 3

ÊTRE AUTORITAIRE OU FAIRE AUTORITÉ ?

L'autoritarisme, une pratique révolue

Durant des siècles, le *pater familias* est resté seul dépositaire de l'autorité dans la famille. Gardien des traditions, propriétaire de la terre, parfois bénéficiaire du droit d'aînesse, il faisait régner l'ordre sur la maisonnée. Épouse, enfants, domesticité, toute la communauté vivant sous son toit lui devait respect et obéissance. Structurant les sociétés traditionnelles, cet usage était sanctifié par les autorités religieuses, malgré les abus de pouvoir fréquents de ces « despotes du foyer ».

Depuis deux ou trois générations, les choses ont radicalement changé : d'une part, la structure de la société ne repose plus sur la transmission du patrimoine, d'autre part, les rapports entre générations, jusqu'ici verticaux, ont tendance à devenir horizontaux. Pour la première fois dans l'histoire de l'humanité, les jeunes ne dépendent plus complètement des anciens pour l'acquisition du savoir. Et, dans certaines circonstances, la complexité technologique inverse même le rapport de dépendance entre jeunes et anciens…

Cette inflexion fondamentale du mouvement de l'Histoire renverse *de facto* le rapport d'autorité au sein des familles. Il ne s'agit plus de faire régner l'ordre au nom de la tradition et du droit du plus fort. Désormais, les parents cherchent à construire, au sein de la communauté familiale, un rapport d'*autorité négociée*, fondé sur la compétence, la légitimité et l'implication de chacun.

Crier, punir, culpabiliser

J'ai moi-même éduqué mes enfants avec les croyances et les principes qui m'avaient été inculqués : j'avais la conviction que je méritais *a priori* le respect en tant que mère, que j'avais *a priori* toujours raison, que mes enfants n'avaient pas à être trop sûrs d'eux-mêmes. Ils devaient aussi obéir à des exigences que je jugeais minimales : être poli, se laver les dents, faire ses devoirs, etc.

Sans cesse, je veillais à ne pas être « débordée », à ne pas céder à leurs caprices. J'étais gênée quand ils criaient dans un magasin ou quand ils n'étaient pas assez polis devant les autres, et je « réglais mes comptes » en rentrant. Parce que, bien sûr, ils ne m'obéissaient pas toujours, les coquins ! Ils me résistaient ! Ils me provoquaient et se rebellaient ! Parfois, même, ils se cachaient pour mieux enfreindre les règles posées… De peur de perdre mon autorité, je devais alors crier plus fort qu'eux, les punir plus sévèrement pour me faire obéir. Je leur faisais du mal, soi-disant pour leur bien…

Devant leurs larmes et leurs sanglots, j'étais ensuite rongée toute la soirée par la culpabilité et les remords, parce qu'ils étaient mes « bébés d'amour », parce que je les adorais (et je les aime toujours autant !). J'allais les border, embrasser leurs visages endormis, et je commençais à comprendre que je n'étais pas sur la bonne voie, qu'il me fallait en trouver une autre…

Se faire respecter pour ce que l'on est

Selon la définition du Petit Robert, l'autorité est « le droit de commander et d'imposer l'obéissance ». Exercer son « droit de commander et d'imposer » implique d'être reconnu comme légitime par la loi ou la structure dans laquelle nous faisons valoir notre autorité (notre famille, par exemple), ce qui ne serait pas le cas si nous faisions preuve d'*autoritarisme* (qui s'apparenterait plus à du despotisme et à de la tyrannie). Quant à la notion d'« obéissance », elle renvoie à l'idée de rendre l'enfant docile, soumis, à ce qu'Alice Miller appelle la « pédagogie noire » dans son livre *C'est pour ton bien* (Aubier, 1984)[12].

12. Édition originale : *Am Anfang war Erziehung* (Suhrkamp Verlag KG, 1983). Traduction française : Jeanne Étoré.

Mais aujourd'hui, lorsque je parle d'autorité, je me dis que le plus important est de *faire autorité* : ce sont mes compétences et ma congruence (le fait de penser ce que je dis et ce que je fais, et de faire ce que je pense et ce que je dis), nourries par mes valeurs de respect et de tolérance, qui vont légitimer l'autorité que j'exerce sur mes enfants. Celle-ci prend alors tout le sens véhiculé par son étymologie : le mot vient du latin *auctoritas*, « faire grandir ».

J'imagine que, tout comme moi, vous avez le souvenir de certains de vos professeurs. De ceux qui devaient punir les élèves pour tenter de se faire obéir, sans y parvenir vraiment. Ils étaient rigides, sévères, autoritaristes, mais pas vraiment respectés. Et puis, à l'inverse, il y avait ceux qui n'avaient pas besoin de menacer la classe de punitions. Lorsqu'ils entraient dans la salle, le silence se faisait de lui-même. Ils étaient estimés et craints tout à la fois, parce que « quelque chose » se dégageait d'eux. Ils ne cherchaient pas à se faire aimer : ils faisaient autorité, dans le calme et le respect mutuel.

Pour Harold S. Kushner, cette forme de respect mutuel est aussi l'une des conditions de l'amour. Il écrit ainsi : « Le pouvoir, comme l'eau, tombe de quelqu'un qui occupe une position plus élevée sur quelqu'un qui est situé à un niveau inférieur. L'amour ne peut naître qu'entre gens qui se considèrent comme égaux, capables d'être mutuellement enrichissants l'un pour l'autre. Lorsqu'il y en a un qui commande et l'autre qui obéit, il peut exister de la loyauté et de la gratitude, mais certainement pas d'amour.[13] »

13. Extrait de *Le désir infini de trouver un sens à sa vie*, déjà cité.

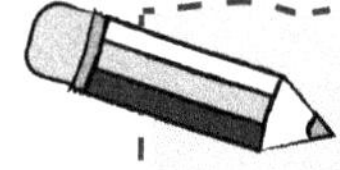

Exercice

Un jour, quand j'étais petite, voulant aider ma mère, j'ai nettoyé une table en formica... avec une éponge grattoir ! Croyant bien faire, j'ai « briqué » (je suis une fille du Nord, c'est comme ça que l'on dit « nettoyer » là-bas !) la table en question avec un peu trop d'ardeur, et j'ai dû la rayer. J'ai été grondée très, très fort. Je me rappelle avoir eu un sentiment d'injustice, et j'ai ressenti en même temps de la culpabilité : j'avais essayé de faire quelque chose de bien, mais j'étais une mauvaise petite fille...

Une autre fois, une prof d'anglais, pour me « stimuler » dans mon apprentissage de la langue, m'a humiliée en se moquant de mon accent, alors que j'étais debout devant toute la classe. Je me suis alors promis de ne plus jamais lever le doigt pour tenter une réponse... J'avais bien compris qu'il fallait que je réponde parfaitement, faute de quoi je serais moquée... Dans le doute, il valait mieux que je m'abstienne !

Je me souviens aussi que je craignais beaucoup mon oncle. Il était grand et gros, avec une voix de stentor (du moins, c'est comme cela que je le voyais !). Ma cousine aussi craignait beaucoup son père, qui avait la main leste. Alors, lorsque nous avions fait une bêtise ensemble, nous nous cachions pour ne pas nous faire prendre. Il nous arrivait aussi de lui mentir lorsque nous craignions que la vérité ne déclenche sa fureur.

Ainsi, durant toutes ces années, j'ai bu un lait empoisonné... **« Pour mon bien », pour que je devienne une gentille petite fille, des « grandes personnes » m'ont appris la peur, le mensonge, la mésestime de moi-même et la colère...** Autant de sentiments qui sont venus empoisonner ma vie d'adulte et de mère !

- Et vous, souvenez-vous... Quelles étaient les stratégies utilisées par vos parents, instituteurs, professeurs ou grands-parents pour vous faire obéir ?

....
....
....
....
....
....
....

- Maintenant, faites revenir à votre mémoire les punitions que vous avez subies, même si ce n'est pas agréable... Dans quelles circonstances les avez-vous reçues ? Quelle a été l'attitude de l'adulte ? Et vous, qu'avez-vous ressenti à ce moment-là ? Que vous êtes-vous dit ? Avez-vous compris le message que l'on voulait vous transmettre ? Cela vous semblait-il juste ? Quel comportement avez-vous décidé d'adopter après ces épisodes ?

....
....
....
....
....
....
....

- Et aujourd'hui, pour vous, que reste-t-il de tout cela ?

....
....
....
....
....
....
....

Vers une autorité positive...

Notre médecine occidentale, ainsi que la psychologie se sont construites avec la même intention : éradiquer la maladie et ses symptômes. Ainsi, pendant des siècles, tout a été mis en œuvre pour guérir les malades pendant les épidémies, pour soulager les douleurs, pour remettre sur pied les « gueules cassées » qui survivaient aux guerres. Il fallait permette aux hommes et aux femmes de vivre malgré tout, de se reproduire, de travailler, d'assumer leurs tâches quotidiennes... En un mot, de « se rétablir », de recouvrer la santé pour revenir à un point initial de « non-pathologie ».

Pourtant, l'Organisation mondiale de la santé (OMS) définit la santé comme « un état de bien-être physique, mental et social ». Être en bonne santé est donc plus qu'un « non-mal » : c'est accéder à l'énergie, à la félicité, à la prospérité. C'est à cela que s'intéresse la *psychologie positive*, et c'est la raison pour laquelle elle est communément appelée « science du bonheur ».

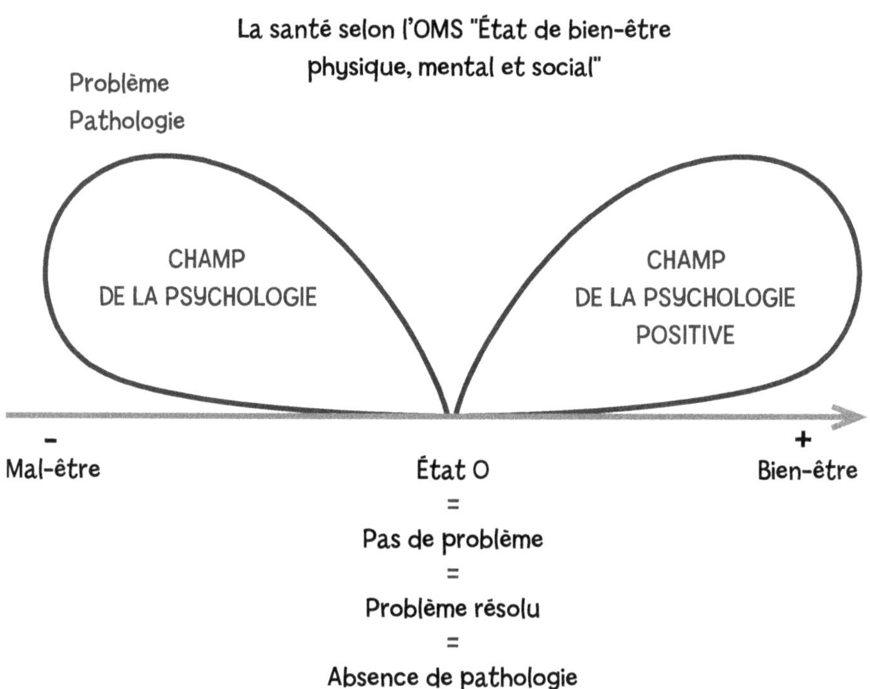

Pour expliquer ce versant de la psychologie, j'aime bien employer une comparaison avec nos maisons. Au départ, elles consommaient énormément d'énergie pour atteindre une température intérieure convenable (et beaucoup d'entre elles fonctionnent encore sur ce schéma !). Puis, nous avons inventé les maisons passives, qui consomment très peu. Enfin, aujourd'hui, nous sommes à même de construire des maisons à énergie positive : elles produisent de l'énergie !

Ne plus chercher à résoudre les problèmes à tout prix...

Si l'on transpose ce principe d'énergie positive à l'éducation, la démarche consiste à ne plus tenter constamment de résoudre les problèmes, comme nous le faisons chaque jour en répétant à nos enfants : «Ta chambre n'est pas rangée ! As-tu fait tes devoirs ? Dépêche-toi, tu es en retard... Il faut que tu ailles te coucher ! Reste tranquille sur ta chaise ! Viens m'aider à mettre la table ! Baisse la musique ! Éteins cet ordinateur. Ne me parle pas sur ce ton ! Arrête d'ennuyer ton frère !» J'arrête ici la liste : elle est interminable, quotidienne, récurrente... É-PUI-SANTE !

Tout au contraire, l'éducation positive vise à trouver une harmonie familiale, fondée sur le respect des valeurs portées par les parents, dans laquelle chacun devient responsable de ses actes : les décisions prises sont valables pour tous, et nous, parents, devons être en cohérence avec ce que nous demandons à nos enfants.

Les conflits, menace ou opportunité ?

La plus grande dépense d'énergie d'une famille, ce sont les conflits. Toutefois, je ressens beaucoup de gratitude pour ceux qui ont secoué ma famille ! Toutes nos oppositions, toutes nos discordes ont été le terreau de notre croissance. Elles nous ont permis de nous dépasser, de nous transcender. Par amour, nous sommes allés au-delà de ce que nous pensions être nos limites... Et nous avons tous grandi, par étapes, de crise en crise, de conflit en conflit.

Mes enfants me font remarquer régulièrement que, si je peux transmettre aujourd'hui tant de choses aux parents qui participent à mes ateliers, c'est grâce à eux et aux conflits que nous avons eus – "parce que au départ, je n'étais pas du tout cette maman-là…" Et ils ont raison ! C'est d'ailleurs pour cela que j'aime l'idéogramme chinois du mot « conflit » : il est identique à celui du mot « opportunité » !

À quoi servent vraiment les conflits ?

Ils permettent d'extérioriser des souffrances, des tensions, un mal-être physique ou psychologique… de façon maladroite ! Parfois, c'est aussi une façon de sortir d'un non-dit. En communication non violente (CNV), on considère que c'est une manière d'exprimer un besoin.

En provoquant un conflit, nos enfants cherchent également à s'affirmer, à prendre toute leur place, à tester leur capacité à nous résister, ou encore à anticiper d'éventuelles représailles de notre part. En tout cas, ils nous obligent à les prendre en considération et à tenir compte de leurs différences.

Pour toutes ces raisons, je remercie encore une fois mes enfants pour tous nos conflits : grâce à eux, nous nous sommes ouvert des opportunités de progression et de dépassement de nous-mêmes !

Exercice

Souvenez-vous d'un conflit. Encore une fois, écrivez l'histoire (contexte, personnes en présence) : comment cela s'est-il déroulé ?

Quelles émotions ont surgi, chez vous et chez les autres ?

...

...

Que révélaient ces sentiments ?

Pour y voir plus clair, imaginez par exemple que vous vous soyez fâché très fort contre votre fille aînée, parce que sa chambre est toujours en désordre. Derrière votre colère à vous, il y avait un besoin d'hygiène, de propreté, d'ordre dans votre maison. Derrière sa rébellion à elle, un besoin d'autonomie et de liberté dans l'espace qui lui est personnel. Vos cris ont donc été une façon maladroite d'exprimer vos demandes respectives...

....

....

....

....

....

....

....

....

....

....

Ce conflit vous a-t-il permis d'avancer ? Qu'avez-vous appris ?

....

....

....

....

....

....

....

....

....

....

....

....

...

...

Que pourriez-vous faire pour que cela ne se reproduise plus ?

....

....

....

....

....

....

....

....

....

....

De l'obéissance à la responsabilité

Durant le procès de Nuremberg (1945-1946), Hannah Arendt et Alice Miller, ainsi que tous les scientifiques et philosophes présents, ont eu une incroyable prise de conscience. Tous étaient obsédés par une même question : « Comment la Shoah a-t-elle pu survenir ? Comment ces hommes et ces femmes, cultivés et instruits, élite de la société allemande de l'époque, ont-ils pu faire preuve d'une telle barbarie ? » La réponse unanime des accusés tient en trois mots : « J'ai obéi. » Cette réponse explique-t-elle à elle seule comment une telle horreur a pu être perpétrée ?

Plus tard, en 1960, Milgram (psychologue américain, 1933–1984) conduit une terrible expérience à l'université de Yale (New Haven), à partir d'un échantillon représentatif de la population. Dans un laboratoire, un expérimentateur en blouse blanche demande à des volontaires (V) de poser des questions à d'autres participants (A), qui sont en réalité des acteurs assis à tour de rôle sur une chaise électrique fictive. À chaque mauvaise réponse, l'expérimentateur demande à V d'infliger à A des décharges électriques de plus en plus fortes. Or, 62,5 % des volontaires continuent jusqu'au voltage maximum prévu (450 V), en dépit des plaintes puis du coma et de la mort simulés de A.

Cette expérience a été reprise notamment dans le film *I comme Icare*, avec Yves Montand. Elle cherchait à :

- évaluer le degré d'obéissance d'un individu devant une autorité qu'il juge légitime ;
- analyser le processus de soumission à l'autorité, notamment lorsque celle-ci induit des actions posant des problèmes de conscience.

On pourrait croire que, depuis lors, les progrès en sciences de l'éducation ont fait considérablement évoluer la conscience humaine… Or, en 2009, France Télévision a reproduit cette expérience dans le documentaire *Le Jeu de la mort*. Cette fois-ci, l'autorité était incarnée par une présentatrice de télévision, et le taux d'obéissance a atteint… 81 % !

Ce que tout cela nous montre, c'est que les bourreaux de l'Inquisition, du nazisme ou du Rwanda n'étaient ni des sadiques, ni des psychopathes (sauf Goering). C'étaient de « braves gens », des personnes « normales », qui ont été façonnées dans l'intention de faire exploser une société. Tout comme, aujourd'hui, les terroristes de Daech, qui ne sont ni des fous ni des malades non plus ! Ce sont des êtres ordinaires, qui perpétuent des crimes innommables en se soumettant volontairement à une idéologie totalitaire. Ce faisant, ils se déculpabilisent de leurs actes, parce qu'ils pensent qu'ils ne font qu'obéir…

La culpabilité, un sentiment improductif

Quand on éduque un enfant à l'obéissance, on le prive de ses capacités d'analyse d'une situation, de son pouvoir d'engagement, de résistance et de refus ; on l'empêche de dire : « Oui, je suis d'accord. Oui, je vais le faire. Oui, j'assume ce que je fais. » En un mot, on l'empêche de devenir une personne responsable de lui-même et de ses choix, un homme ou une femme à même d'agir et d'aller de l'avant. Un adulte apte à assumer ses erreurs, à les réparer, à trouver des solutions, à s'accorder une deuxième, une troisième, une énième chance…

Dans notre société judéo-chrétienne, l'éducation traditionnelle tend plutôt à actionner les ressorts de la *culpabilité*. Moi-même, j'ai souvent été pétrie de ce sentiment lorsque j'élevais mes enfants. Aujourd'hui, si je n'y prends garde, mes regrets peuvent rester teintés de culpabilité. Il faut dire que ce sentiment est parfois tentant : la souffrance qu'il génère joue un rôle expiatoire. La culpabilité nous donne l'impression de « payer » pour nos actes ou nos paroles, puis finalement nous en exonère, parce que nous nous cherchons des circonstances atténuantes et des excuses pour atténuer notre peine.

Mais en réalité, la culpabilité nous « tire vers l'arrière », nous conduisant à nous dévaluer nous-mêmes. Avec un tel ressenti, il n'y a plus de place pour la bienveillance ou l'indulgence, et réparer devient impossible. Au bout de toute cette détresse intérieure, il n'y a plus d'espoir de résilience pour nous, ni pour ceux à qui l'on a fait du tort. C'est un fardeau écrasant. Un des papas participant à mes ateliers disait ainsi : « C'est comme un millepattes sur une patinoire : beaucoup d'énergie dépensée pour ne jamais avancer ».

Exercice

Comme beaucoup de parents, j'imagine que vous éprouvez souvent de la culpabilité. Alors, entraînez-vous :

- Aujourd'hui, au moment où vous lisez ce livre, pour quelle(s) raison(s) ressentez-vous de la culpabilité ? De quelle(s) réaction(s) vous sentez-vous peu fier ? Écrivez-le.

....
....
....
....
....
....
....
....
....
....
....
....
....
....
....
....

...

...

• Lorsque vous lisez ce que vous venez d'écrire, vous voyez bien que vous parlez d'une action terminée : vous vous retournez vers le passé et vous vous sentez rongé par votre attitude. Maintenant, essayez plutôt de regarder vers l'avenir : la prochaine fois, comment pourrez-vous faire différemment ? Comment vous y prendrez-vous ?

Peut-être avez-vous besoin d'aide pour comprendre ce qui se passe en vous, et inventer une nouvelle manière d'être ? Alors, pouvez-vous prendre la décision d'aller chercher ce soutien, et de ne pas rester seul(e) « comme un millepattes sur une patinoire » ? Écrivez ce que vous pourriez faire, à l'avenir, pour transformer en responsabilité la culpabilité qui vous ronge.

CHAPITRE 4

LES JUGEMENTS QUI ASSERVISSENT, LA GRATITUDE QUI LIBÈRE

Il est plus efficace d'allumer une bougie que de maudire l'obscurité

Proverbe africain

Les compliments

« C'est super beau ! »

« T'es géniale ! »

« T'es vraiment bon en basket. »

« T'es trop fort ! »

« Oh, que tu es gentil ! »

C'est de cette façon que, comme beaucoup de parents, j'ai complimenté mes enfants. En les félicitant ainsi, j'étais assez fière de moi : après tout, comme bon nombre d'entre nous, je n'avais moi-même pas reçu beaucoup de félicitations étant petite… Et j'étais intimement convaincue que j'aurais été bien mieux dans ma peau si mes propres parents avaient été plus élogieux sur ma personne et mes réalisations !

Pourtant, si nous nous interrogeons sur notre ressenti et nos réactions par rapport aux compliments, ce n'est pas une meilleure estime de nous-mêmes qui prévaut, mais plutôt le doute. Un jour, dans un atelier, une maman m'a dit : « Hier, ma chef est rentrée dans mon bureau en déclarant que j'étais "formidable"… Je me suis demandé ce qu'elle me voulait ! » Bien sûr, puisque les « compliments » de ce genre n'en sont pas ! Ce sont des jugements sur notre personne. L'autre s'adresse à moi, me dit comment il me trouve : il *m'évalue*.

De mon côté, en recevant ce type de compliments :

- j'émets des doutes (« Il me dit que je suis magnifique alors que je sais, moi, que j'ai pris 3 kilos à Noël ! »). Je n'accueille donc pas ce qui m'est dit ;
- je peux percevoir la personne qui me complimente comme manipulatrice (« Qu'est-ce qui lui prend de rentrer dans mon bureau en me disant tout à coup que je suis formidable ? Que va-t-elle encore me demander ? ») ;
- je peux ressentir de l'anxiété et du stress (« Mon père est fier de moi parce que j'ai mis le but au premier essai, mais vais-je y arriver la prochaine fois ? »).

De la part d'un parent, ce genre de compliment porte sur la personnalité de l'enfant. Celui-ci n'est pas félicité pour l'acte qu'il a accompli, mais évalué sur *ce qu'il est*. Il s'habitue de cette façon à exister à travers le regard de l'autre, qui décide s'il est bon, gentil ou courageux. Il grandit dans une *dépendance affective*, tributaire du jugement que les autres ont sur lui, et aura tendance à avoir toujours besoin de leur approbation, même à l'âge adulte. Or, lorsqu'on a constamment besoin de l'approbation de l'autre, on perd confiance en soi au moindre jugement négatif, voire à la seule perspective d'être mal jugé. Remémorez-vous ainsi les moments où vous n'avez pas osé faire certaines choses à cause du regard que les autres pourraient porter sur vous – ou les occasions qui, au contraire, vous ont conduit à vous surinvestir, pour les mêmes raisons…

Qui ne s'est pas déjà privé d'entreprendre quelque chose, de peur de ne pas réussir ?

Qui ne s'est pas parfois senti mal à l'aise dans un groupe ?

Qui ne confond pas la conscience professionnelle (ou encore le plaisir de nettoyer sa maison pour vivre dans un lieu propre et sain) et le perfectionnisme ?

Combien de mamans me racontent que, bien qu'épuisées à mener de front maison, famille et activité professionnelle, elles s'obligent à astiquer leur salon pour recevoir des copains un samedi soir ? Si elles ne peuvent pas le faire, elles vont parfois jusqu'à ajourner la rencontre…

Combien d'entre nous n'osent pas s'habiller selon leur goût, peindre leur salon en vert anis ou émettre leur propre avis en public, « à cause de ce que les autres vont penser » ?

Tous ces petits malaises nous parlent du manque de confiance que nous avons en nous-mêmes, et de la façon dont nous nous sommes construits : dans la dépendance du jugement des autres.

À une certaine époque, les parents ne faisaient pas de compliments aux enfants, pour « ne pas leur donner la grosse tête ». Les Québécois ont une jolie expression : ils disent « pour qu'ils ne se pètent pas les bretelles » ! Effectivement, lorsque l'on fait des *compliments-jugements* à son enfant, on lui tend un miroir grossissant, irréaliste, qui lui donne une image surévaluée de lui-même. Il est le « petit génie » de la famille, le plus beau, le plus intelligent, le plus fort… Mais le jour où ce regard porté sur lui change et où il reçoit une critique, alors tout se lézarde, et il ne peut pas y faire face.

Dire à nos enfants *pourquoi* ils sont géniaux…

En tant que parents, nous sommes nombreux à ne pas comprendre pourquoi nos enfants passent leur temps à « se trouver nuls », alors que nous avons l'impression de passer le nôtre à leur renvoyer une image positive d'eux-mêmes.

Ainsi, lorsque mes enfants étaient petits, je ne saisissais pas pourquoi ils n'avaient pas confiance en leur capacité créatrice et picturale, alors que je m'extasiais devant les œuvres qu'ils me ramenaient de l'école. J'aimantais leurs dessins sur le frigo avant de les mettre sous verre – aujourd'hui encore, presque tous ces dessins, joliment encadrés, tapissent les murs de ma maison. Et pourtant, mes enfants ne cessaient de dénigrer leur propre inventivité et leur propre talent !

Ce que je ne savais pas, c'est qu'ils avaient simplement besoin que je m'arrête, que je regarde vraiment et que je décrive ce que je voyais. C'est que l'enfant n'a pas les outils pour savoir *pourquoi* il est beau, intelligent et fort. Le *compliment descriptif*, puisqu'il s'agit de cela, lui permet de comprendre pour quelles raisons il peut avoir confiance en lui : « J'aime ce dessin, l'harmonie des couleurs. Tu as rempli la page, et cette maison me fait penser à la nôtre avec ce petit chemin qui arrive au garage. Et ce bonhomme que tu as mis là, c'est qui ? Et puis ce doit être le printemps : il y a des papillons ! » Voyez-vous la différence avec un « Waouh ! Il est super joli ce dessin ! » ?

De même, j'ai dit à ma fille qui préparait son concours de piano : « Oh, j'ai entendu que tu n'as plus accroché sur cette mesure, et que tes notes sont maintenant déliées. » Lui communiquer cela, c'est lui permettre de prendre conscience que ses efforts ont payé, qu'ils sont mesurables et audibles.

Nos enfants ont à savoir *pourquoi* ils sont des merveilles, *pourquoi* ils sont géniaux ! En tant que parents, nous pouvons leur offrir d'être les yeux qui regardent et décrivent, les oreilles qui écoutent et répètent, la mémoire qui se souvient et raconte… Nos enfants apprennent alors qui ils sont, où résident leurs forces, leurs talents et leur bonté. Nous leur offrons l'intime conviction qu'ils sont dignes d'être aimés, qu'ils ont leur place dans ce monde et leur rôle à y jouer. Nous les aidons ainsi à grandir dans la confiance en eux-mêmes et en leurs ressources, tout comme on pourrait construire l'étayage d'une maison.

En tout état de cause, vous ne pourrez pas vous y tromper : un compliment descriptif qui atteint sa cible devient visible dans l'éclat des yeux de votre enfant, et dans sa posture corporelle.

Comme un oiseau au printemps

« Mon fils Pierre m'a montré un mini-skate qu'il avait fabriqué tout seul. J'ai pris son bricolage dans mes mains, j'ai observé et commenté la façon dont il avait collé le grip, vissé les roues, peint les supports… Je l'ai alors vu se redresser, relever la tête et prendre de l'assurance dans la voix. En voyant Pierre si heureux, le bonheur et la joie m'ont étreinte, et j'ai été profondément émue. »

Sabine

Réjouissons-nous de leurs réussites, de leurs talents, de leurs victoires !

Nous passons notre temps à souligner ce que nos enfants n'ont pas fait, ce qu'ils ont mal fait ou ce qu'ils n'ont pas suffisamment réussi. Je vous propose un petit moment de réflexion, juste pour prendre la mesure de tout ce que nous leur signifions à longueur de journée. Listez tous les reproches ou les insuffisances que vous relevez quotidiennement chez vos enfants…

« Tu n'as pas descendu les poubelles ! »

« Les maths, c'est toujours pas ça ! »

« Mais quand est-ce que tu penseras à mettre tes affaires de sport dans le panier à linge sale ? »

« Raccroche ce téléphone ! »

« J'en ai marre de te voir sur cet ordinateur, éteins-le ! »

« Regarde toutes ces fautes d'orthographe ! »

Nous appuyons sur ce qui va mal chez nos enfants, nous mettons en lumière leurs difficultés, nous exacerbons leurs faiblesses. Le non-verbal accompagnant nos mots, nos sourcils se froncent et notre voix s'élève. Nous exprimons ainsi colère, découragement et impuissance. Nous montrons notre agacement, que nos fils et nos filles interprètent en le retournant souvent contre eux-mêmes.

Nous nous sentons ensuite coupables : nous souhaitons le meilleur pour eux, et nous sommes conscients que nous ne savons pas toujours nous y prendre. Et même, nous nous apercevons que nous agissons souvent à l'opposé de ce qui serait juste pour que ça aille bien…

Alors, allons dans l'autre sens ! Mettons au contraire toute notre énergie à observer et à relever leurs réussites, leurs talents, leurs victoires !

Le pouvoir magique des compliments

Théo a 3 ans. Comme beaucoup de petits, il déteste aller dans son siège auto : il se cambre, se raidit et pleure. Arriver à le faire asseoir est un tour de force quotidien, qui met toute la famille de méchante humeur pour le départ du matin. Julien, son papa, le sanctionne régulièrement pour son attitude, jusqu'au jour où Théo s'assied presque de bonne grâce dans son siège : « J'ai sauté sur l'occasion avant même que la "crise" ne commence, et je me suis mis à le complimenter : "Oh ! Tu t'es assis tout seul ! Et regarde comme c'est facile d'attacher la ceinture ! Et comme on est tout heureux tous les deux, on va pouvoir aller à l'école en chantant !" Ça s'est passé il y a un an et aujourd'hui encore, chaque matin, Théo s'assied dans son siège auto, me demande de fermer les yeux, s'attache tout seul et me dit : "Bon, on chante, papa ?" »

Julien

« Les compliments poussent vraiment les enfants à se surpasser, à aller bien plus loin, à faire beaucoup plus que ce que nous aurions demandé au départ ! Je me souviens qu'un jour - j'avais 8 ans - ma mère m'a complimentée parce que j'avais fait un gâteau. Lorsque je l'ai amené à table, elle a dit à toute la famille : "On peut remercier Nathalie. Elle a fait notre gâteau préféré, et en plus elle a rangé la cuisine toute seule !" Par la suite, j'ai *toujours* rangé la cuisine après avoir préparé quelque chose, et aujourd'hui encore, je pense à ce que ma mère m'a dit ce jour-là. »

Nathalie

« Cette semaine, nous avons décidé de participer pour la première fois à un vide-grenier en famille. Chaque enfant a eu pour mission de préparer des affaires qu'il était prêt à vendre. Tout le monde a participé au bon déroulement de cet événement, et il était convenu que nous partagerions les gains. À la fin de la journée, j'ai complimenté Hugo sur la façon dont il s'était comporté. Je lui ai décrit ce que j'avais observé : comment il allait vers les gens, comment il trouvait des mots drôles pour établir le contact avec eux, comment il était présent, regardant les personnes dans les yeux, et en même temps léger. Bien sûr, il était heureux de ce que je lui disais. Mais plus que cela, ce que j'ai vu, c'est que ça lui avait fait du bien ! Et au final, je crois qu'il s'est *découvert un talent* ! »

Vincent

Le porteur d'eau

En Inde, un porteur d'eau avait deux grands pots qu'il portait sur ses épaules, accrochés aux deux extrémités d'une perche. L'un des pots était fêlé, tandis que l'autre était parfait. Chaque jour, le porteur allait remplir ses pots au ruisseau et les ramenait à la maison du Maître. Le pot parfait arrivait complètement rempli tandis que le pot fendu, laissant échapper son eau, arrivait seulement à moitié plein.

Évidemment, le pot parfait était fier de ses dons : il remplissait extrêmement bien le rôle pour lequel il avait été créé. À l'inverse, le pot fendu avait honte de son imperfection. Il se sentait misérable parce qu'il ne pouvait accomplir que la moitié de ce pourquoi il avait été conçu. Un jour, au bout de deux ans, il parla au porteur d'eau alors qu'ils se trouvaient près du ruisseau :

« J'ai honte de moi et je veux m'excuser.

…

...

– Pourquoi, demanda le porteur d'eau, de quoi as-tu honte ?

– Durant ces deux années, je n'ai été capable de faire que la moitié de ma tâche parce que cette fêlure me fait perdre de l'eau tout au long du retour, jusqu'à la maison du Maître. Et à cause de mon imperfection, tu as du travail supplémentaire et tu n'es pas pleinement récompensé de tes efforts. »

Le porteur d'eau se sentait tout désolé pour le vieux pot fendu. Dans sa compassion, il lui dit : « Rentrons à la maison du Maître, et je veux que tu fasses attention aux jolies fleurs qui ont poussé tout au long du chemin. »

Comme ils remontaient la colline, le pot craquelé remarqua que le soleil chauffait de belles fleurs sur le côté du chemin, et cela le réjouit. Cependant, sur la fin du trajet, il se sentit de nouveau malheureux : comme à l'accoutumée, il avait perdu la moitié de sa charge. Il s'excusa encore auprès du porteur pour son échec. Le porteur lui dit : « As-tu remarqué qu'il y avait des fleurs seulement du côté de ton passage, et non du côté de l'autre pot ? C'est parce que j'ai toujours su que tu avais ce défaut, et je l'ai tourné en avantage. J'ai planté des graines seulement du côté de ton passage et chaque jour, lorsque nous revenons du ruisseau, tu les arroses. Pendant deux ans, j'ai pu cueillir ces jolies fleurs pour décorer la table de mon Maître. Sans toi, tel que tu es, il n'y aurait pas cette beauté pour donner de la grâce à sa maison. »

Exercice

Plutôt que de dire à ma fille qu'elle était courageuse, différente, volontaire, il aurait été plus juste que je lui dise : « Tu t'es préparée tout l'hiver alors qu'il pleuvait et qu'il faisait froid. Tu n'as jamais manqué un seul entraînement. Et regarde comme tes efforts ont payé : tu es arrivée première au cross aujourd'hui ! » Éventuellement, j'aurais pu ajouter : « Tu as vraiment fait preuve de persévérance et de courage ! » Ce qui signifie : quand tu as fais ça, à ce moment-là, tu as fais preuve de courage. Je lui aurais ainsi permis de savoir ce que l'on appelle « courage » ou « persévérance ». Et ce qu'il fallait qu'elle mette en place pour être courageuse et persévérante, sans pour autant l'enfermer dans ce rôle. Aujourd'hui, elle s'autoriserait peut-être à penser : « J'ai une épreuve très difficile le mois prochain. Mais je sais que je peux y arriver. »

Dans le chapitre précédent, vous avez listé tous les jugements, toutes les étiquettes dont vous « gratifiez » votre conjoint et vos enfants. Reprenez-les et écrivez ci-dessous dans quelles situations, quand et pourquoi vous pensez cela d'eux.

....

....

....

....

....

....

....

....

....

....

....

....

...

...

Maintenant, transformez vos paroles en compliments descriptifs, pour votre conjoint puis pour vos enfants.

....

....

....

....

....

....

....

....

....

....

....

....

La gratitude

Nous sommes, nous, êtres humains, dotés d'une force et d'une capacité d'adaptation incroyables. Cela nous a bien souvent sauvé la vie. Je pense à ce que me disait mon grand-père mineur : « Nous étions plus résistants que les chevaux. Capables d'aller là où ils refusaient de passer. Capables de supporter des poids qui leur faisaient plier les genoux. » Je pense aussi, bien entendu, à ce qu'ont raconté tous ceux qui sont sortis des camps de concentration.

Mais, bien plus quotidiennement que cela, nous nous adaptons aux longs trajets dans des transports bondés, à la vue bétonnée que nous avons depuis nos fenêtres, au bruit qui nous environne… Finalement, il n'y a que deux choses auxquelles nous ne nous habituons pas. Tout d'abord, les bruits stridents. C'est la raison pour laquelle nous entendons toujours la sirène des pompiers, même si nous habitons à côté d'une caserne. C'est aussi pour cela que nous avons du mal à supporter les cris de nos petits ! Et puis l'autre chose, plus joyeuse, c'est… l'orgasme !

Chaque jour, apprendre à recevoir les cadeaux de la vie

Si nous nous accommodons de ce qui est difficile dans notre vie, nous nous adaptons bien plus vite encore à tout ce qui est bon… Or, rester réceptif aux cadeaux de la vie est source d'un bonheur durable. Les différentes philosophies, religions et sagesses du monde ne s'y sont pas trompées :

- le philosophe Cicéron écrivait, en 100 av. J.-C., que « la gratitude est non seulement la plus grande des vertus, mais aussi la mère de toutes les autres » ;
- les Juifs récitent plus d'une centaine de bénédictions de gratitude quotidiennes et ont une fête spécifique, la fête des Cabanes (« Souccot » en hébreu, aussi appelée « Époque du Réjouissement » dans la prière). Elle commémore la protection de Dieu pour le peuple d'Israël durant l'exode et la fin de l'année agricole ;
- les catholiques récitent des actions de grâce et le « bénédicité » avant les repas ;
- le bouddhisme nous dit que le bonheur ne se trouve pas dans l'acquisition ou la possession de biens matériels, mais dans l'acceptation et l'appréciation de ce dont nous disposons ;
- la sagesse africaine, par exemple, dit que « celui qui reçoit de la bonté de la part des autres et qui n'exprime aucune gratitude est pire qu'un voleur qui emporte nos possessions » ;
- dans le Coran (2:172), il est écrit : « Nourrissez-vous des bonnes choses qui vous ont été prodiguées, et manifestez de la gratitude envers Dieu. »

De plus, la psychologie positive a aujourd'hui mis en évidence – et prouvé de façon scientifique – que la gratitude a des effets incroyables sur l'être humain :

- en 2003, deux professeurs de psychologie, McCullough (université de Miami) et Emmons (université de Californie, Davis) démontrent que « des personnes qui écrivent au moins une fois par semaine quelques phrases à propos d'un événement qui amène chez eux un sentiment de reconnaissance, ont un niveau de satisfaction nettement plus élevé, sont plus optimistes, ont moins de symptômes anxieux ou douloureux, et ce, au bout de dix semaines [14] ! » ;

14. EMMONS R.A., MCCULLOUGH M.E. *Counting Blessings Versus Burdens: An Experimental Investigation of Gratitude and Subjective Well-Being in Daily Life. Journal of Personality and Social Psychology*, 2003, vol. 84, n° 2, p. 377-389. Traduction de l'auteur.

- quant à Sonja Lyubomirsky (directrice du laboratoire de psychologie positive à l'université de Californie), elle prouve que plus une personne est capable de gratitude, moins elle est anxieuse ou dépressive et moins elle éprouve de sentiments de frustration, d'envie et de solitude, plus elle est rassurée sur sa propre valeur, plus elle a confiance en elle et plus elle ressent d'émotions positives[15].

N'est-ce pas ce que nous souhaitons pour nos enfants ?

L'art d'exprimer sa gratitude

Tout comme le fait de faire des compliments descriptifs, éprouver et nommer notre gratitude nous demande de *vraiment* regarder, *vraiment* écouter, *vraiment* respirer, *vraiment* toucher.

Cela implique de se souvenir de ce qui nous fait plaisir, nous incite à reconnaître ce qui va bien, ce qui est bon, comme quelque chose d'extraordinaire. C'est prendre conscience de la chance que nous avons d'être vivants, que tout ne nous est pas dû, que nous n'avons pas de droits supérieurs à ceux des autres, que ce dont nous pouvons jouir est un réel cadeau de la vie.

Moi, par exemple, j'aime le thé. J'aime saisir une tasse de porcelaine pleine d'infusion, l'entourer de mes mains d'un geste tendre et rond. J'aime regarder la couleur dorée du thé, respirer ses effluves épicés, me laisser transporter en songe dans des pays lointains, imaginer les théiers dans la brume du matin… Pourtant, j'ai mis des années avant d'émettre un « merci » pour ce cadeau de la vie, avant de ne plus vider d'un mouvement trop facile le contenu d'une théière dans l'évier.

Dans notre société d'hyperconsommation, où les publicités nous donnent envie de posséder la même chose que nos voisins, nous sommes chaque jour en proie aux exigences de nos enfants. Nous pouvons aussi être tristes à l'idée de ne pas pouvoir leur offrir tel ou tel objet qu'ils désirent tant, et qui leur semble si attractif. C'est pourquoi il me semble vraiment nécessaire de leur apprendre la gratitude… et, pour commencer, de nous demander à nous-mêmes des actes de gratitude !

15. Cf. LYUBOMIRSKY S. *Comment être heureux et le rester*. Paris : Marabout, 2013 (p. 109-124). Édition originale : *The How of Happiness* (Penguin Press, 2007). Traduction française de Camille Fort.

Cultiver la reconnaissance

« Les chercheurs en psychologie positive nous incitent à écrire chaque soir, dans un petit carnet, deux ou trois événements de la journée pour lesquels nous éprouvons de la gratitude. Au tout début, je cherchais seulement à identifier ce que j'aurais bien pu écrire. Puis, avec le temps, je me suis rendu compte qu'il y avait, tout au long de chaque journée, de multiples occasions à saisir pour ressentir de la reconnaissance et de la gratitude, pour amplifier en moi les émotions douces et agréables qui accompagnent ces sentiments. Cerise sur le gâteau, j'ai appris à *créer* moi-même de telles expériences. Ainsi, je suis passé de la capacité à savoir saisir et apprécier ce que chaque jour me servait, à la capacité à faire "jaillir" moi-même des sources de gratitude et de reconnaissance, surtout les jours les plus difficiles...

J'ai aussi noté qu'au départ, je cultivais plutôt la reconnaissance *pour* (j'appréciais ce que j'avais, d'abord des choses, et au fur et à mesure, mes propres forces et talents). Ensuite, j'ai développé la reconnaissance à, car on ne réussit jamais rien tout seul. Cela m'a donné de belles occasions d'exprimer ma gratitude à d'autres personnes, le bien-être étant contagieux ! Enfin, j'ai appris à développer la reconnaissance *de*, à voir au-delà de certaines situations, y compris dans les moments délicats, et à distinguer ce que ces situations pouvaient m'apporter. Cela m'a permis de changer de perspective sur bien des moments que je trouvais sans saveur ou difficiles à vivre. J'ai ainsi pris conscience et apprécié ce que ces événements me permettaient d'apprendre, de développer, ou tout simplement ce que qu'ils me préparaient comme futur. »

Jean-François

La gratitude, encore meilleure lorsqu'elle est partagée !

Avec nos enfants, nous pouvons instaurer des « moments de gratitude », à table ou à l'heure du coucher, en leur disant par exemple : « Raconte-moi le meilleur moment de ta journée ! »

Lorsque j'ai proposé ce rituel à la maison, l'un de mes garçons, un adolescent de 14 ans, m'a dit : « Aujourd'hui, je ne savais pas ce que j'allais pouvoir raconter : c'était une "journée poubelle"… Je pensais justement à ça dans le bus et pourtant, au même moment, une supergonzesse s'est assise à côté de moi ! » Et voilà, me suis-je dit, c'est gagné ! Non seulement il parvient à trouver des joies dans une "journée poubelle" (ce qui est, avouons-le, un défi, tout au moins au départ !), mais en plus, il « organise » son regard pour trouver du bon…

Créer des « moments de gratitude » au quotidien

« Ce soir, mon petit garçon de 4 ans m'a dit : "La meilleure chose de la journée, c'était de te voir, maman." C'était trop bon ! »

Alexandra

« À la maison, nous nous racontons à table, tous les soirs, ce qui nous a plu dans notre journée. Au début, c'était drôle, les filles ne parlaient que de nourriture ! Elles nous disaient ce qu'elles avaient aimé à la cantine ou dans le repas que nous étions en train de prendre. Peu à peu, peut-être grâce à nos histoires à nous, elles ont exprimé des remerciements pour d'autres choses. Et maintenant, c'est chouette : elles ont régulièrement de la gratitude l'une pour l'autre ! Elles se remercient parce que l'une a prêté un jeu à l'autre, pour un service rendu, pour une parole drôle... C'est du bonheur en barre ! »

Stéphane

« Depuis plusieurs années, je n'étais pas à l'aise la veille de Noël. Nous n'allons pas à la messe car nous ne nous reconnaissons pas comme catholiques. Et en même temps, toute cette débauche de cadeaux et de bouffe m'insupporte. Après notre atelier, j'ai donc décidé d'organiser un "moment de gratitude" avant le "grand déballage". J'ai écrit le prénom des invités sur des petits papiers pliés, et chacun en a pris un au hasard. J'ai ensuite proposé que nous ayons un mot de reconnaissance pour la personne que nous avions tirée au sort. Le hasard a fait que mon oncle a reçu son propre prénom.
Ce qui s'est passé ensuite a été incroyable. Nous avons tous été terriblement émus, et nous nous sentions tous reliés, en paix les uns avec les autres, comme si cela avait resserré nos liens. Nous ressentions beaucoup d'amour. Nous avons pleuré d'émotion et de joies partagées. Et nous nous sommes promis de recommencer. Plusieurs mois après, mes enfants ne se souviennent plus des cadeaux qu'ils ont reçus. Ce qu'ils racontent, c'est ce moment-là. »

Julie

Les deux loups

Un vieil Indien cherokee initiait son petit-fils à la vie. Il disait à l'enfant : « À l'intérieur de moi-même, il y a une lutte terrible entre deux loups. L'un est plein d'envie, de colère, d'avarice, d'arrogance, de ressentiments, de mensonges, de supériorité, de fausse fierté. L'autre est bon, paisible, heureux, serein, humble, généreux, vrai et rempli de compassion. Cette lutte a aussi lieu en toi, mon enfant, et en chaque personne. »

Le petit-fils réfléchit un instant et interrogea son grand-père : « Lequel des deux loups va gagner cette lutte ? » Le vieil Indien répondit simplement : « Celui que tu nourris ! »

Exercice

Le simple fait de consacrer une ou deux minutes par jour à se dire « Je suis reconnaissant d'être en vie ! » a des conséquences insoupçonnées.

- Prenez un carnet, glissez-y un stylo et posez l'ensemble sur votre table de nuit. Chaque soir, notez trois beaux moments vécus au cours de la journée (l'odeur de votre café, le bisou de votre enfant, une douche chaude, l'automobiliste qui s'est arrêté pour vous laisser passer...). Écrivez avec de petites phrases toutes simples, mais avec conscience, pour consigner ce qui a été bon et doux pour vous.

Je vous propose de faire cet exercice avant de vous endormir parce que, bien sûr, le sommeil n'en est que meilleur ensuite. Mais si ce n'est pas le moment le plus opportun pour vous, déposez votre carnet ailleurs. J'ai un ami qui l'a mis à côté de son ordinateur, au bureau. L'essentiel, c'est qu'il soit facile pour vous d'écrire ces quelques lignes, afin que cela devienne un rituel.

- Aujourd'hui, inscrivez ci-dessous vos trois bons moments de la journée.

....

....

....

....

....

....

....

....

....

....

....

....

- Avec vos enfants, ritualisez un moment où ensemble vous vous raconterez vos « bonnes choses ». Cela peut être à table ou au moment du coucher. La gratitude doit être partagée ou écrite, pas seulement « pensée » : l'impact sur le cerveau n'est pas du tout le même.
- Imaginez d'autres moyens de partager de la gratitude. L'un de mes amis s'amuse à prendre une photo de fleur chaque jour, puis il l'envoie à quelqu'un avec un mot de gratitude. Vous pouvez aussi écrire une lettre de gratitude, régulièrement, à quelqu'un de différent à chaque fois. Ou encore, organiser un repas au cours duquel chaque invité pourra raconter pour quoi ou pour qui il éprouve de la gratitude en ce moment : émotion garantie... Imaginez, créez, laissez-vous porter par les élans qui viendront !

...

...

- Ayez de la gratitude pour votre conjoint ! Un jour, au cours d'un atelier, j'ai proposé que les conjoints aient l'un pour l'autre un mot de reconnaissance. Pour l'un des couples, ce mot n'était pas facile à trouver. Je me suis donc approchée d'eux pour les aider à formuler un remerciement. Et j'ai été bien surprise : lui ne s'imaginait pas la remercier, elle, pour le bon moment qu'ils venaient de passer ensemble à venir à moto, « puisqu'elle aussi y avait pris du plaisir ». Et elle, elle ne pensait pas à le remercier d'avoir changé les draps du lit la veille (« Pour une fois que c'est lui qui le fait, alors qu'à chaque fois c'est moi ! »).
- Et vous, aujourd'hui, pour quelle petite chose pouvez-vous remercier votre conjoint ? Le plaisir de se réveiller à ses côtés, le fait qu'elle ou il s'investisse dans son travail (vous permettant ainsi d'avoir plus d'aisance financière), la discussion que vous avez eue et au cours de laquelle vous vous êtes senti(e) compris(e) ?

....

....

....

....

....

....

....

....

....

....

....

....

....

....

....

....

...

...

- Pour vous aider, pensez que ce n'est pas simplement « normal » qu'elle ait passé l'aspirateur, qu'il soit allé chercher les enfants à l'école, qu'il ait préparé le repas ou qu'elle ait pensé à vous envoyer un petit SMS après votre rendez-vous chez le dentiste… Remerciez-vous mutuellement pour toutes les petites choses de la vie, et vous verrez comme elle deviendra encore plus belle !

REGLES

CHAPITRE 5

CHOISIR ENSEMBLE LES RÈGLES DE L'HARMONIE

Comment permettre à chacun de respecter les règles fixées ?

Instituer des règles à la maison est l'un des principes de base de tous les livres d'aide à la parentalité. De fait, donner des consignes claires organise la structure du temps et de l'espace et sécurise les enfants, qui savent ainsi « à quoi s'en tenir ». Par ailleurs, cela guide les enfants sur le chemin de l'autonomie, favorise la coopération dans la famille, permet d'instaurer le respect de chacun et le partage des tâches. En bref, tout comme les règles du jeu permettent de jouer, celles de la maison permettent de vivre tous ensemble en harmonie.

Encore faut-il que les enfants les suivent… et les parents aussi !

Les jeunes, et *a fortiori* les adolescents, ne sont pas naturellement enclins à appliquer des principes dans lesquels ils ne se reconnaissent pas. Pourtant, nous leur demandons d'« obéir » et de se soumettre à des consignes auxquelles ils n'accordent ni valeur, ni légitimité. Ainsi, nous les « frustrons » en leur imposant autoritairement des interdits et des limites, qui vont susciter chez eux une envie de transgression. Alors, comment faire ?

Encore une fois, il faut *produire du sens ensemble*. Au XIIe siècle, « interdire » se disait « entre-dire » ; c'est l'idée que « ce qui se dit entre les personnes » permet la vie en communauté. Les « inter-dits » doivent donc être verbalisés ! L'organisation et le règlement de la maison doivent être fixés en commun par tous les membres de la maisonnée, en accord avec les valeurs des parents, clairement établies et nommées (ex. : la coopération)[16]. Ainsi, les décisions ne sont plus

16. Cela peut se faire par exemple au cours d'un conseil de famille, un temps qui permet d'aborder les difficultés rencontrées dans la vie quotidienne et d'y trouver des solutions. La « Mission de famille » représente alors un outil précieux (voir chapitres 9 et 10).

prises sur un mode vertical, mais dans une synergie qui permet la coopération, la coresponsabilité, l'engagement de chacun, les uns pouvant prendre en charge ce qui est difficile à réaliser pour les autres.

Autonomie et solidarité dans la famille

« Avec mon fils et ma fille, nous avons parlé du rangement des chambres. Je leur ai dit que je respectais leur espace privé mais que, comme ils sont encore trop petits pour faire le ménage eux-mêmes, je leur demandais de mettre leurs affaires en ordre une fois par semaine. C'est une vraie difficulté pour ma fille, qui n'est pas d'un naturel ordonné... Alors, elle en a parlé avec son frère et ils sont tombés d'accord : Tom va aider sa sœur à ranger sa chambre et, en contrepartie, elle va lui faire un gâteau au chocolat (qu'elle réussit sans aide de ma part !). »

Alexandra

Enfer et Paradis

Un saint homme dit un jour à Dieu : « Seigneur, j'aimerais savoir à quoi ressemble l'Enfer et à quoi ressemble le Paradis... » Alors, Dieu le conduisit vers deux portes. Il ouvrit l'une d'elles et permit au saint homme de regarder ce qu'il y avait derrière.

Au milieu d'une pièce se trouvait une immense table ronde et, au milieu de la table, une grosse marmite remplie d'un ragoût à l'arôme délicieux (le saint homme en saliva d'envie !). Pourtant, les convives assis autour de la table étaient maigres, livides, et avaient tous l'air affamé. Chacun d'entre eux tenait une cuillère à très long manche, attachée à son bras. Chacun pouvait atteindre le plat de ragoût et remplir sa cuillère. Cependant, comme les manches de leurs ustensiles étaient plus longs que leurs bras, les personnes en présence ne pouvaient rame-

...

...

ner les cuillères à leurs bouches. Le saint homme frissonna à la vue de leur misère et de leur souffrance. Dieu lui dit : « Tu viens de voir l'Enfer. »

Tous deux se dirigèrent alors vers la seconde porte. Dieu l'ouvrit, et le saint homme observa une scène identique à la précédente : la grande table ronde, la marmite de ragoût (qui le fit encore saliver !), les personnes munies de cuillères à longs manches… À ceci près que, cette fois-ci, les gens étaient bien nourris, replets et souriants, et qu'ils se parlaient en riant.

Dieu dit : « Et voici le Paradis ! » Mais le saint homme semblait perplexe. Alors, Dieu ajouta : « C'est simple, c'est juste une question de bon sens et de philosophie : ils ont appris à se nourrir les uns les autres, tandis que les gloutons et les égoïstes d'à côté ne pensent qu'à eux-mêmes… »

Conte d'origine inconnue

Des règles applicables par les parents aussi !

Les règles décidées ensemble, ainsi que les engagements pris par chacun, sont valables à une condition : que les parents les respectent, eux aussi ! Là encore, il s'agit de faire preuve de congruence, le fameux alignement tête/cœur/corps.

En effet, comment expliquer à nos enfants qu'ils n'ont pas à consulter leur portable à table, si nous-mêmes répondons au téléphone pendant les repas ? Comment leur demander de mettre un casque lorsqu'ils font du vélo, si nous n'en mettons pas ? Comment justifier que fumer n'est pas bon pour la santé, si nous-mêmes fumons ? Comment les sanctionner parce qu'ils n'ont pas rangé leurs affaires, si nous ne retrouvons pas notre sac à main ? Je pourrais continuer… Pour être cohérents, il faut que nous appliquions les règles – et les sanctions décidées si elles ne sont pas respectées, y compris pour nous-mêmes !

Un jour, j'ai reçu en consultation Pierre et sa maman, pour faire un bilan sur la Mission de famille[17] que nous avions élaborée tous les trois. Mais Pierre était énervé et, au bout d'un moment, il a refusé de poursuivre la séance. Devant mon étonnement, il s'est exclamé : « Ça sert à rien ! Maman dit plein de choses mais elle ne les fait pas ! Hier, je me suis fait engueuler parce que j'avais laissé traîner ma serviette dans la salle de bains, mais elle, elle avait laissé tout son bazar autour du lavabo : je pouvais même pas poser ma radio ! » Alors, j'ai suggéré d'appliquer à la mère la même sanction que celle fixée pour Pierre quand il se montrait désordonné : mettre toutes ses affaires « en quarantaine » dans le panier prévu à cet effet, avec interdiction de s'en servir pendant une semaine !

Quand les parents ne respectent pas les règles fixées en commun...

« Pour éviter les disputes, qui dégénèrent rapidement en insultes et en violences, nous avons opté, mes deux filles et moi-même, pour un signe de la main... Ce geste indique aux autres que nous sommes très énervées et que nous nous esquivons un moment, le temps de nous calmer. L'autre jour, nous étions à table et, comme trop souvent en ce moment, Élise et Zoé se sont chamaillées. Zoé a fait le fameux signe et voulait sortir de table. Mais moi, je ne voulais pas qu'elle saute un repas. Je lui ai donc demandé de terminer son assiette avant d'aller dans sa chambre... Grave erreur ! Non seulement, Zoé est partie en injuriant sa sœur et en claquant la porte, mais en plus, Élise était trop énervée pour finir le repas avec moi : ça s'est conclu en "jus de boudin" ! »

Julie

17. Voir chapitre 10.

Les lois, les règles et le contrat

Parmi les difficultés des parents que je reçois, il y en a une qui est récurrente : c'est le manque de respect, qui se manifeste en particulier par des gros mots et des injures… Bien évidemment, il s'agit là de manquements à une valeur partagée par tous dans les foyers concernés : je n'ai encore jamais vu de famille dans laquelle le respect ne tiendrait pas une place de choix !

Mais l'interdiction d'injurier n'est pas une règle valable uniquement à la maison ou à l'école, pour embêter les jeunes ! C'est aussi l'article 29 d'une loi promulguée le 29 juillet 1881. Et enfreindre cette loi représente une infraction, sanctionnée par des amendes : 12 000 € pour une injure publique ; 22 500 €, plus six mois de prison, si l'injure est discriminatoire… Vous pouvez donner ces informations à vos enfants : en général, cela les calme ! Vous pouvez aussi en profiter pour leur fournir des éclaircissements sur quelques concepts :

• **Les lois**
Il en existe de deux sortes : les unes, universelles, concernent trois tabous fondamentaux (l'inceste, le meurtre, le cannibalisme) ; les autres définissent les normes de conduite imposées à chaque individu sur le territoire d'un État. Les lois ne peuvent être modifiées, sauf par l'« instance souveraine » (autrement dit, les institutions judiciaires), et elles ont un garant qui a pour rôle de les cautionner, à savoir le juge.

• **Les règles**
Elles résultent d'un accord au sein d'une collectivité (la famille mais aussi l'entreprise, l'école, etc.). Elles ne peuvent être modifiées que selon un processus prévu par le groupe (ex. : décision du « chef », délibération d'un conseil d'administration, conseil de classe). Bien sûr, elles doivent être en accord avec la loi : aucune famille ne peut inscrire dans ses règles qu'elle se fera justice elle-même, par exemple, ou que les insultes sont autorisées ! Ici, le garant des règles est le responsable du groupe (en l'occurrence, pour la communauté familiale, les parents).

• **Le contrat**
C'est un accord entre deux parties, fixant les droits et obligations de chacun. Écrit ou oral, il ne peut être établi contre l'avis d'un des contractants. Par ailleurs, il se dénoue lorsqu'une des deux parties le rompt. Le garant est quelqu'un d'extérieur : un notaire, un médiateur (qui peut être tout simplement une personne non impliquée), un ami…

Notez que, dans une famille, je préconise de ne passer aucun « contrat oral », sous peine pour les parents de voir leur parole remise en cause ! Il y a deux ans, avec mon dernier fils, j'ai une fois de plus manqué de vigilance : nous avons conclu un contrat non écrit... Quelques mois plus tard, il n'a pas honoré ce qui avait été convenu et, au cours d'une discussion houleuse, il m'a bien sûr soutenu que nous n'avions « jamais dit ça » ! Trop tard : je ne pouvais me référer à aucun support écrit, et j'étais responsable de cette situation…

Définir des règles claires

Pour régir votre vie de famille, il n'est pas nécessaire d'établir trop de règles – cela peut même être contre-productif… Émettez-en cinq au maximum. Elles doivent aussi être adaptées à l'âge de vos enfants, et faciles à comprendre. Par exemple, « ranger sa chambre » n'est pas clair pour un enfant : il y a fort à parier que lui et vous n'avez pas la même vision de l'ordre ! D'ailleurs, vous-même, en avez-vous la même représentation que votre compagnon ou votre compagne ? Je suis presque certaine que non !

Donner une règle claire consisterait à dire à votre enfant : « Je te demande de faire ton lit, de mettre tes Lego dans la caisse et tes peluches sur le fauteuil. » En expliquant les choses ainsi, vous vous apercevrez sans doute que les règles n'étaient auparavant pas comprises et pas appliquées… parce que mal formulées ! En ce qui me concerne, lorsque la règle est un peu compliquée, très régulièrement (même avec mon fils qui a maintenant 18 ans), j'ajoute : « C'est très important pour moi que cela soit bien clair entre nous. Serais-tu d'accord pour me redire ce que tu as compris ? »

Pourtant, alors que je fais mon « topo » sur les règles au moins une fois par semaine devant les parents qui participent à mes ateliers, j'ai manqué de clarté, il n'y a pas si longtemps. Nous partions en week-end mon mari et moi, en laissant l'appartement à mon fils Joseph et à sa petite amie. Joseph avait alors 17 ans, et je lui ai dit en partant : « Je compte sur toi pour que la maison soit bien rangée à notre retour : tu sais que je n'aime pas me remettre aux tâches ménagères en rentrant d'un moment de détente ! »

Je pensais que dix-sept ans de vie sous le même toit allaient suffire à ce que nous nous comprenions. Eh bien, il faut croire que non ! À mon retour, en ouvrant la porte, j'ai découvert un appartement certes très bien rangé, mais l'aspirateur n'avait pas été passé, la poubelle pas vidée, etc. J'ai pris le temps de me calmer avant de téléphoner à mon fils, et finalement, je ne l'ai pas fait : au fur et à mesure que la tension baissait, j'ai compris que je ne lui avais simplement pas précisé qu'il fallait faire tout cela ! Et il ne m'était pas possible de sanctionner Joseph, parce que, malgré tout, il avait bel et bien fait ce que je lui avais demandé… il avait rangé !!

La logique imparable des enfants

« J'avais cru être claire en demandant à mon fils Matthieu (3 ans) de ranger sa chambre. Je lui avais expliqué : "Je te demande de débarrasser ton tapis de tous les jeux qui sont dessus." Mais apparemment, le message n'était pas bien passé : quand je suis revenue dans la chambre, le tapis était bien dégagé de tout son bazar, mais j'ai retrouvé tous les jouets sous le lit ! »

Sabine

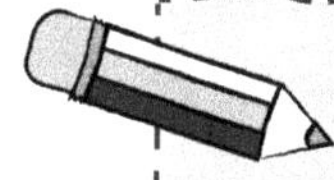

Exercice

J'imagine que vous avez, avec vos enfants, certains conflits récurrents... Par exemple, vous ressentez de l'exaspération tous les matins parce qu'il y en a toujours un (souvent le même !) qui n'est pas prêt à l'heure. Ou bien les repas du soir se terminent régulièrement par des cris et de la frustration. Ou encore, vos enfants traînent jusqu'à une heure avancée de la soirée pour faire leurs devoirs. Ou, enfin, la chambre n'est pas rangée, alors que vous l'aviez demandé la veille pour pouvoir passer l'aspirateur... Ce genre de choses épuisent les parents, énervent les enfants et font partir tout le monde au lit avec un gros chagrin, et beaucoup de culpabilité...

Choisissez donc l'un de ces conflits et proposez un rendez-vous à votre enfant, avec l'objectif de résoudre le problème entre vous (veillez à choisir un moment qui vous convienne à tous les deux). Le jour dit, procédez selon les étapes suivantes :

- Installez-vous au calme et organisez-vous pour ne pas être dérangé : éteignez les téléphones ou décidez de ne pas répondre s'ils sonnent. Prévenez aussi votre conjoint, afin qu'il (ou elle) prenne en charge le reste de la fratrie, le cas échéant.
- Commencez par manifester de l'empathie envers votre enfant : « Je vois bien qu'il est difficile pour toi de te dépêcher dès le matin au réveil », ou « Je comprends que tu aies besoin de te détendre le soir lorsque tu reviens de l'école, et que ce n'est pas forcément drôle de te remettre au travail à ce moment-là », ou encore « Je sais que tu aimes bien étaler toutes tes affaires par terre ». Laissez-le s'exprimer sur le sujet. Intéressez-vous vraiment à ce qu'il vous raconte, authentiquement et de tout votre cœur.
- Rappelez-lui le problème : « Tu sais que, pour arriver à 8 h 30 à l'école, nous devons partir de la maison à 8 h 05 », ou « C'est important que tu aies fini tes devoirs avant le re-

...

…

pas du soir, pour pouvoir te détendre un peu après manger, avant d'aller dormir », ou encore « J'ai besoin d'un minimum d'hygiène dans la maison ».

- Sur une feuille, formulez par écrit ledit problème, par exemple : « Nous devons partir à 8 h 05 le matin. » Séparez la feuille en deux. Inscrivez le prénom de votre enfant en haut de la colonne de droite, et le vôtre en haut de la colonne de gauche.

Comment partir à 8 h 05 le matin ?

Papa et Maman	Tom
~~Papa et maman réveillent Tom 1 h plus tôt~~	~~Tom ne prend pas de petit déjeuner~~
Papa donne son réveil pour que Tom se réveille seul	Il ne prend qu'une tartine
Tom prépare ses habits la veille	Tom emmène un petit goûter pour la récré
Maman prépare la table du petit déjeuner	

…

...

- Chacun votre tour, inscrivez dans « votre » colonne toutes les idées qui vous viennent pour venir à bout du problème... J'ai bien dit toutes les idées qui vous passent par la tête, des plus folles aux plus sérieuses, en passant par les plus originales : il s'agit de faire un « brainstorming » (une « tempête de cerveau » en français !), pratique en vigueur dans toutes les entreprises créatives. Et, dans un premier temps, il n'est pas question de juger ni de critiquer ce qu'écrit l'autre (ni parce qu'on trouve qu'une idée n'est pas réalisable, ni parce qu'on considère qu'elle ne « fonctionnera » pas).
- Lorsque plus personne n'a de suggestion, et à ce moment-là seulement, éliminez ce qui ne vous convient pas du tout, et reformulez ou amendez ce qui peut l'être. Peut-être ne restera-t-il finalement qu'une seule idée, qui ne vous paraîtra même pas originale... Ce n'est pas grave : votre enfant aura contribué à sa genèse et ça change tout, vous verrez !
- Prenez une nouvelle feuille de papier et inscrivez-y ce qui est convenu entre vous : « Pour que nous puissions partir le matin à 8 h 05, papa s'engage à donner son vieux réveil à Tom afin qu'il puisse se réveiller tout seul, à préparer la table du petit déjeuner et à accepter que Tom ne prenne qu'une seule tartine. De son côté, Tom s'engage à préparer ses vêtements la veille au soir et à emmener un petit goûter pour la récré du matin. »
- Inscrivez la date et signez tous les deux ; c'est TRÈS important ! C'est de cette façon que votre enfant se sentira responsable et engagé... Et s'il est trop petit, il peut poser son empreinte sur la feuille (cette technique s'applique même avec un enfant de 3 ans !).
- Sous vos signatures, notez la date à laquelle vous réviserez cet accord. Si c'est la première fois que vous faites un brainstorming, fixez un nouveau rendez-vous quinze jours plus tard. Ensuite, accrochez votre contrat dans un endroit

...

...

cohérent par rapport au conflit à régler (au-dessus du lit de l'enfant si le problème est en rapport avec le coucher, au-dessus de son bureau s'il concerne les devoirs, etc.).

- Au bout de deux semaines, faites un petit bilan... Si la solution adoptée n'a pas été appliquée, ou si elle n'est pas satisfaisante, recommencez depuis l'étape 1 !

Contrat

Pour partir à 8 h 05 le matin entre :
papa / maman / Tom

Papa s'engage à donner son vieux réveil pour que Tom puisse se réveiller tout seul.

Maman s'engage à préparer la table du petit déjeuner.

Papa et maman acceptent que Tom ne prenne qu'une seule tartine.

Tom s'engage à préparer ses vêtements la veille au soir et à emmener un petit goûter pour la récré du matin.

Nantes, le 8 mars 2015.
Contrat révisable le 29 mars 2015.

signé Papa Maman Tom

Tom

...

...

La dernière fois que j'ai fait cet exercice, c'était à propos des devoirs. J'étais excédée parce que mon plus jeune fils attendait le dimanche 17 heures pour s'y atteler, ce qui « pourrissait » régulièrement la fin de notre week-end... Nous nous sommes donné rendez-vous tous les deux et je lui ai dit que je comprenais bien qu'il n'est vraiment pas agréable de se remettre au travail en fin de semaine. Il a alors pu verbaliser son angoisse devant la liste de choses à faire, écrite dans son agenda...

Lorsque j'ai été certaine qu'il se sentait compris, j'ai pu lui dire à quel point le dimanche soir était un moment important pour nous tous, parce que nous faisions toujours des crêpes à ce moment-là : c'était une façon simple, douce et sucrée d'appréhender la nouvelle semaine. Or, à cause de ce problème lié aux devoirs, nous nous retrouvions régulièrement à nous disputer au-dessus du pot de sirop d'érable...

J'ai alors posé la problématique : « Comment faire pour que Joseph ait terminé ses devoirs le dimanche à 17 heures ? » Puis, j'ai proposé beaucoup d'idées : qu'il les fasse le samedi matin, qu'il s'installe avec moi dans la cuisine pour travailler, qu'il vienne me réciter ses leçons dès qu'il les avait apprises, qu'il collabore avec un copain, que je supprime la possibilité pour lui de jouer aux jeux vidéo jusqu'à ce que ses devoirs soient finis (ça, c'était un peu provocant, je le reconnais, mais c'est l'idée du brainstorming : susciter du « neuf » avec un peu d'humour, de dérision et de défi !). De son côté, mon fils n'a soumis que deux propositions : « Je ne fais pas mes devoirs » (ça, c'était pour répondre à ma provocation !) et « Maman ne m'en parle pas ».

Bien sûr, nous n'avons gardé que la seconde proposition, et j'ai inscrit sur une feuille de papier : « Joseph s'engage à avoir terminé ses devoirs le dimanche soir à 17 heures, et maman s'engage à ne pas lui en parler. » Nous avons daté,

...

…

signé, prévu un rendez-vous de bilan trois semaines plus tard et affiché le « contrat » au-dessus de son bureau… Il n'y a plus jamais eu de problème !

Quand l'autonomie est une réponse…

« J'en avais marre de la façon dont se passaient les repas du soir. J'ai donc expliqué à mes enfants pourquoi c'était pénible pour moi d'avoir à les reprendre tout le temps, combien ça m'était déplaisant de les entendre se chamailler sans arrêt après une journée de boulot. Puis, sans trop y croire, je leur ai proposé un "brainstorming", afin que l'on cherche ensemble une solution à ce problème… Nous avons pris une feuille de papier, et ça a commencé très fort : leur première suggestion a été "Papa ne rentre pas à la maison." Ça m'a fait mal, mais je l'ai écrit sur la feuille. Lorsqu'ils ont vu que je jouais le jeu, leurs propositions sont devenues plus créatives et innovantes… Au final, nous nous sommes mis d'accord sur le fait qu'ils mangeraient seuls dans la cuisine trois fois par semaine (soit un jour sur deux), tandis que mon épouse et moi-même dînerions au salon. Ils s'engageaient à préparer eux-mêmes leur repas, et à débarrasser la table ensuite. En contrepartie, nous n'aurions pas le droit d'entrer dans la cuisine ces jours-là ! Les quatre autres jours, ils prendraient leurs repas en se respectant les uns les autres.

Aujourd'hui, ils sont toujours "bien vivants" à table… Mais franchement, ça n'a plus rien à voir ! Et puis j'avoue que, s'ils ne l'avaient pas suggéré, je ne me serais jamais autorisé à les laisser seuls pendant que je mange tranquillement avec leur mère… alors que c'est très agréable ! Comme quoi, de temps en temps, ils ont de bonnes idées ! »

Dominique

CHAPITRE 6

« CHOUETTE, IL A FAIT UNE ERREUR, IL VA GRANDIR ! »

Le succès se situe tout au bout de l'échec
Thomas J. Watson (fondateur d'IBM, 1874-1956)

J'ai raté 9 000 tirs dans ma carrière. J'ai perdu presque 300 matchs. Vingt-six fois, on m'a fait confiance pour prendre le tir de la victoire et j'ai raté. J'ai échoué encore et encore dans ma vie.
Et c'est pourquoi je réussis.
Michael Jordan

L'erreur, une étape riche et incontournable dans tout apprentissage !

Nous avons besoin d'échouer pour apprendre, de nous tromper pour mémoriser.

C'est parce que je me suis perdue dans la ville de Nantes, parce que j'y ai tourné en rond et fait des demi-tours, que j'ai appréhendé sa topographie après y avoir emménagé ! C'est parce que j'ai osé faire ma première conférence – alors que je ne savais pas comment m'y prendre – que j'ai développé la capacité de donner des conférences différemment.

C'est parce qu'un enfant est tombé mille fois, parce qu'il s'est mille fois relevé, qu'il a pu apprendre à marcher. C'est parce qu'il a maintes fois empilé ses cubes, qu'il peut aujourd'hui faire la pyramide dont il est si fier. C'est parce qu'il a mangé pendant des mois en se barbouillant le visage, qu'il sait maintenant manger à la cuillère…

Longtemps, nous accompagnons notre enfant avec bienveillance dans tous ces apprentissages. Et puis, un jour, alors que les savoirs à mémoriser et les aptitudes à acquérir deviennent plus complexes, nous devenons intransigeants. Nous nous découvrons alors des pensées et des façons de faire dont nous sommes peu fiers : nous nous mettons à comparer notre enfant avec les autres… Or, il n'est pas toujours le meilleur. Nous voudrions aussi qu'il obéisse, qu'il réussisse, qu'il soit talentueux, qu'il soit parfait … Et puis nous sommes fatigués : nous en avons assez de répéter !

De même, les regards extérieurs (ceux de sa maîtresse, de son grand-père, de ses amis) sont parfois implacables et critiques… « Justine ne connaît toujours pas sa table de 7 ? », « Ton fils ne distingue toujours pas sa chaussure droite de sa chaussure gauche ? », « Ah, il entre en CAP ? C'est bien ! Le mien ? Il entre en prépa ! ». Sans parler de tout le langage non-verbal que nous décryptons parfaitement chez notre interlocuteur : un sourire narquois, un soupir, un regard moqueur… Sous l'effet de ces jugements, nous nous retournons vers nos enfants et, impitoyablement, nous exigeons d'eux le meilleur. Sans le vouloir, ils deviennent le miroir de notre ego, réveillent nos peurs archaïques et névrotiques… et c'est insupportable !

Je ne me souviens que trop bien des réflexions des enseignants (et même de mes bons amis !) lorsque mes enfants enfreignaient les conventions sociales, se rebellaient ou ne correspondaient pas aux normes idéales de notre société… J'avais alors une estime et une confiance en moi-même tellement brinquebalantes que je ne supportais pas ce qui m'était renvoyé : quelle mère étais-je donc, pour avoir des enfants imparfaits ! Mais aujourd'hui, je peux dire que mes enfants m'ont offert, en réalité, un merveilleux cadeau : me permettre d'affronter mes propres démons, mes propres angoisses, pour enfin devenir plus juste avec eux…

Alors maintenant, je vous le propose : osons considérer leurs bêtises, leurs maladresses, leurs échecs, leurs oublis, non pas comme des attaques personnelles, ni comme des comportements à éradiquer à tout prix, mais plutôt comme de formidables sources d'apprentissage ! Changeons de paradigme : tentons de regarder la réalité autrement, risquons-nous à chausser une nouvelle paire de lunettes pour regarder le monde !

Quand l'erreur mène à la découverte...

Christophe Colomb découvre l'île de San Salvador, puis celle de Cuba, à la suite d'une erreur de 10 000 km dans l'évaluation de la trajectoire de son navire.

À la fin des années 1940, Christopher Polge et ses collègues de l'université de Cambridge découvrent accidentellement les capacités protectrices du glycérol, qui permet de conserver les spermatozoïdes : ils ont utilisé des flacons de produits chimiques dont les étiquettes ne correspondaient pas à leur contenu !

En 1954, pour écouler des excédents de chocolat, un contremaître de l'usine Delespaul-Havez imagine d'y mêler du caramel. Cependant, la machine qui fabrique les bonbons se dérègle à cause de ce nouveau mélange, et produit de petites barres allongées à la place des habituels bonbons carrés… Le Carambar est né !

Par erreur, Charles Goodyear pose un morceau de latex recouvert de fleur de souffre sur un poêle à charbon. Le produit s'enflamme. Dépité de sa maladresse, Goodyear jette le latex enflammé par la fenêtre, dans la neige. Le lendemain matin, il ramasse l'objet et constate qu'il possède une grande élasticité : il vient d'inventer la vulcanisation du caoutchouc.

On pourrait multiplier les exemples divers et variés : les effets anti-infectieux de la pénicilline ont été mis en évidence suite à une erreur, la tarte Tatin serait née d'une maladresse, de même que la bêtise de Cambrai (comme son nom l'indique) !

Accompagner notre enfant pour qu'il répare lui-même ses erreurs

Regardons les erreurs de notre enfant avec bienveillance, et permettons-lui de les réparer… Pour vous aider à adopter ce point de vue, imaginez que vous fassiez une erreur dans votre travail, et que votre patron vous dise : « Mais j'en ai marre ! Quand vas-tu savoir organiser une réunion toute seule, sans rien oublier ? Allez, va faire tout de suite les 1 300 photocopies dont j'ai besoin pour partir ce soir ! » Que lui répondriez-vous ? Et, à l'inverse, de quels mots auriez-vous besoin, de la part de votre patron, s'il constatait un oubli dans le travail que vous lui remettez ?

Dès lors, pourquoi imaginons-nous que notre enfant va progresser si nous le grondons et si nous lui donnons une punition ? Notre rôle est de l'amener avec empathie vers une *prise de responsabilité*. Si nous pouvons adopter définitivement l'idée que, pour comprendre et apprendre, notre enfant n'a pas besoin de souffrir ni d'être humilié, alors le concept de « réparation » devient très simple à appliquer.

Je suis moi-même réfractaire à tout ce qui touche à l'informatique… Lorsque je dois passer du temps toute seule sur mon ordinateur pour apprivoiser de nouvelles manipulations, j'appréhende ! Je m'agace dès que la machine ne répond pas comme je le souhaite ; je me remémore mal ce que mon mari et mes enfants m'ont pourtant répété moult fois… Bref, je ne suis vraiment pas l'apprentie idéale !

En revanche, j'aime lorsque ma fille s'assied à côté de moi avec plaisir, en me laissant faire toute seule ce que j'ai à faire, y compris des erreurs ! Quand je suis « bloquée », elle me parle et me guide doucement pour me permettre de comprendre ce qui s'est passé :

« Alors là, tu vois, ta fenêtre est grande ouverte et te cache les documents ouverts dans les autres fenêtres. Comment peux-tu faire pour la réduire ?

– Je clique sur la croix ?
– Essaie.
– Ah non, zut ! Tout est fermé maintenant !
– C'est pas grave, tu te souviens comment rouvrir le document que tu as fermé ?
– Ah oui, c'est vrai, je me souviens…
– C'est ça ! »

Mais ce genre d'échange n'est possible que dans le cadre d'un équilibre délicat à trouver : si ma fille intervient avant que je me sois trompée, c'est fichu… Et si elle me fait sentir que ça lui pèse d'être à mes côtés et qu'elle préfèrerait être ailleurs, c'est fichu également ! En bref, les seuls progrès dont je sois capable ne peuvent se réaliser que dans certaines conditions : disposer d'une présence bienveillante, d'autonomie et d'un droit à l'erreur.

Comment lui permettre d'accéder à la responsabilité ?

Lorsque votre enfant a fait une erreur (communément appelée « bêtise » !), il a également besoin d'être entendu sans être jugé, afin de pouvoir prendre lui-même ses responsabilités…

Imaginez par exemple que votre fils Léo renverse son verre de jus d'orange le matin au petit déjeuner. Il est 8 h 15 : dans trois minutes, vous devez être dans la voiture pour partir à l'école… Quelle est votre réaction spontanée ?

Imaginez maintenant que vous renversiez vous-même votre jus de fruit, juste avant de partir au travail. Vous n'avez pas le temps de prendre la serpillère ; j'imagine que vous épongeriez le surplus avec un morceau de sopalin, en vous disant : « Je nettoierai mieux ce soir en rentrant. »

Accordons à nos enfants le même droit à la maladresse, avec la même possibilité de la réparer :

« Oh, mince ! Tout est par terre et le verre est cassé ! Il faut que nous soyons partis dans trois minutes, Léo ! Que pourrais-tu faire pour limiter les dégâts jusqu'à notre retour ce soir ?

– Je vais mettre ma serviette de table dessus, comme ça elle boira tout le jus !
– Ce serait une solution ! Sauf que je ne suis pas d'accord pour tâcher ta serviette. Le jus d'orange part très mal au lavage…
– Je vais mettre du sopalin alors. Et puis, ce soir, je nettoierai.
– OK. Et je te montrerai comment faire avec l'éponge, comme ça, la prochaine fois, tu sauras ! Allez, essuie ça avec un sopalin, puis mets tes chaussures et on s'en va ! »

Accompagner notre enfant dans la réparation de ses erreurs, sans réparer à sa place, c'est aussi lui apprendre comment il pourra se débrouiller tout seul une prochaine fois… En effet, nous devons être conscients d'une chose : lorsque nous nous précipitons pour « faire à sa place » parce qu'il s'y prendra moins bien que nous (le sol restera collant même après son passage, l'éponge sale traînera dans l'évier, etc.), nous faisons preuve d'un perfectionnisme qui l'empêche d'acquérir des savoir-faire. Là aussi, il s'agit de différencier l'important de l'essentiel. Oui, il est important que la maison soit propre… mais il est essentiel que notre enfant parvienne à l'autonomie, et sache maintenir cette propreté par lui-même !

Évidemment, réagir de cette façon nous demande de ne pas nous laisser aller à la colère quand notre fils ou notre fille « fait une bêtise » (ça s'apprend !). Nos enfants nous imitent ; c'est d'abord de cette façon qu'ils s'initient et assimilent les expériences. Si je hurle, crie ou tape, laissant ainsi libre cours à ma fureur, je ne peux pas exiger de mon enfant qu'il se comporte de façon raisonnable et responsable. Un jour, excédée par les disputes et les cris de mes garçons, je me suis surprise à entrer dans leur chambre comme une furie et à leur crier : « Mais arrêtez de hurler comme ça ! » Quelle crédibilité pouvais-je avoir ? Aucune ! D'ailleurs, une fois la surprise passée et la porte refermée, les cris ont repris de plus belle…

Le portable égaré

« Nous avions confié un vieux portable à notre fils, Arthur, pour qu'il puisse nous appeler après ses épreuves du brevet. Nous n'y avons plus repensé, et quelques jours après, il partait pour une semaine de vacances chez ses grands-parents. Son père lui a demandé de glisser le téléphone dans sa valise : il voyageait seul en train, et nous avions besoin d'être rassurés sur le fait qu'il pourrait nous joindre en cas de besoin. Mais l'appareil avait disparu... Et même en retournant toute sa chambre, Arthur n'est pas parvenu à remettre la main dessus.

Olivier, mon mari, s'est donc débrouillé pour retrouver une carte SIM, puis il a passé toute une journée à rendre compatible la carte, un autre portable et les paramètres techniques de l'opérateur...

Juste après le départ d'Arthur, le soir même, Olivier a retrouvé dans la chambre de notre fils un sac en plastique contenant des restes de nourriture et, tout au fond... le téléphone ! Bien entendu, cela l'a beaucoup agacé ! Cependant, il a choisi de laisser retomber sa colère avant d'appeler Arthur. Mais c'est Arthur qui nous a contactés en premier, et son père m'a demandé de le lui passer :

"Devine ce que j'ai retrouve au fond du sac plastique resté dans ta chambre ?

– J'sais pas...
– Ton téléphone ! (Surprise et silence d'Arthur). Qu'est-ce que t'en penses ?
– C'est bête !
– Oui, c'est vrai, je suis d'accord, c'est bête ! (Nouveau silence d'Arthur).
– Surtout que t'as passé du temps pour que j'aie un autre téléphone, et qu'il a fallu racheter une carte... Ben, je m'excuse, papa !" »

Rachel

Imaginons maintenant qu'Olivier ait appelé son fils immédiatement après sa découverte, et qu'il ait déversé sur lui toute sa colère... Dans un premier temps, Arthur aurait probablement tenté de se défendre et, ce faisant, n'aurait pas pris ses responsabilités. En effet, quand on se justifie, on essaie de se trouver des circonstances atténuantes ou de faire porter sa propre responsabilité à d'autres personnes. Cette réaction aurait probablement fait redoubler la colère de son père... Le coup de téléphone se serait achevé brutalement, sans prise de conscience ni excuses de la part d'Arthur (ou alors « arrachées » sous la pression, et certainement pas spontanées).

À l'inverse, en laissant du temps à son fils pour réfléchir, en n'essayant pas de combler ses silences, Olivier lui a permis tout un cheminement de pensée, qui l'a amené à une vraie prise de conscience.

Le courage d'assumer son erreur

« En remettant le carnet de notes de Maxime dans son cartable après l'avoir signé, je me suis aperçue qu'il avait un jouet qui n'était pas à lui. Je savais que c'était quelque chose qu'il convoitait : il m'en parlait encore un peu plus depuis que son meilleur copain s'en était fait offrir un pour son anniversaire. Avant les ateliers, je me serais précipitée pour lui en parler, je l'aurais fait avouer, et nous serions allés voir la maîtresse pour restituer le jouet à son propriétaire... Mais là, j'ai décidé de regarder cet événement comme une erreur de Maxime, et de lui en parler au moment du "bisou du soir".

En m'asseyant sur son lit, je lui ai raconté combien il pouvait être difficile, quelquefois, de ne pas avoir tout ce que l'on désirait. Je lui ai dit que je comprenais très bien tout cela, parce que je ressentais parfois la même chose. Et je lui ai raconté aussi combien j'avais été jalouse lorsque ma meilleure amie avait reçu la robe de mes rêves ! Ainsi, Maxime ne s'est senti ni jugé, ni attaqué.

Après lui avoir fait part de mes propres difficultés, je lui ai demandé comment il interprétait et vivait ce que je lui disais. Alors il a fondu en larmes et m'a appris ce que je soupçonnais : il avait dérobé le jouet de son ami...

Je l'ai laissé pleurer tout en continuant de lui dire que je le comprenais, qu'il en avait eu très envie et que ç'avait été plus fort que lui. Je ne faisais pas semblant : je comprenais vraiment. Je me suis mise dans sa peau, et j'ai évoqué ce que j'aurais ressenti, moi, dans la même situation. À chacune de mes phrases, il répondait : « Oui », en reniflant. Lorsque je suis arrivée au bout de ce que mon imagination me proposait, j'ai vu qu'il ne pleurait plus. Je lui ai alors demandé ce que ça lui ferait à lui, si quelqu'un lui volait son jouet favori :

« J'aimerais pas, et puis je serais très en colère !

– Et comment imagines-tu Lucas, ce soir, alors qu'il a vu qu'il n'avait plus son jouet ?

– Il doit être triste !

– Sûrement, oui ! Si tu étais à sa place, qu'aimerais-tu que fasse celui qui t'a pris le jouet ?

– Ben, qu'il me le rende !

– Mmh mmh.

– Mais si je le rends à Lucas, il saura que c'est moi et il ne sera plus mon copain !

– C'est ça que tu penserais, toi, si celui qui t'avait volé ton jouet te le rendait ?

– (Silence). Au début, oui ! Après, j'sais pas...

– Tu voudrais qu'il te dise quoi pour redevenir son copain ?

– Qu'il m'explique pourquoi il l'a fait, et qu'il me dise qu'il ne recommencera pas !

– Je crois que ce serait une bonne idée d'aller dire ça à Lucas en lui rendant son jouet... Qu'en penses-tu ?

– Oui, j'vais lui rendre, mais ça va être dur !

– Je comprends. Et je penserai très fort à toi demain, pendant la récré. Je me dirai que mon petit garçon fait quelque chose de très très difficile. Quelque chose que même certains adultes ne peuvent pas faire. Et tu peux être très fier de ton courage ! »

Je ne sais pas très bien ce qui s'est passé le lendemain. Je ne l'ai pas demandé à Arthur. Il est rentré heureux, et ça m'a suffit. J'ai attendu le jour suivant pour lui demander :

« Alors, qu'est-ce que cette histoire t'a appris ?

– Que je recommencerai jamais.

– Je comprends ça. C'est important de savoir que l'on est quelqu'un d'honnête. Ça nous fait nous aimer nous-mêmes, tu ne trouves pas ?

– Si... »

Il est essentiel de savoir quels sont nos objectifs dans l'éducation que nous donnons à nos enfants. En l'occurrence, humilier Arthur, en le grondant et en allant voir sa maîtresse, aurait peut-être permis qu'il ne recommence pas. Mais certainement pas qu'il prenne la responsabilité de son acte, l'assume et comprenne *pourquoi* on ne vole pas. Cette maman a réussi à faire que son fils ressente de l'empathie pour son copain ; de cette façon, il a pu réparer ce qu'il avait fait…

Des questions pour le mettre sur la bonne voie

Pour aider son enfant à cheminer vers la responsabilité, on peut lui poser des questions dites « ouvertes ». Il s'agit de questions auxquelles on ne peut pas répondre par « Oui » ou par « Non ». Elles permettent à l'enfant de formuler ses propres réponses, pas celles que l'on induit ! Ce sont des questions qui viennent du cœur, avec l'envie sincère d'accéder au monde de l'enfant. On les pose d'une voix tendre et bienveillante, sans employer le « Pourquoi », qui est intrusif et culpabilisant. Voici quelques exemples :

« À ton avis, qu'est-ce qui a provoqué cette situation ? »

« Qu'est-ce que tu essayais de faire ? »

« Comment te sens-tu par rapport à ce qui s'est passé ? »

« Comment feras-tu à l'avenir ? »

« Comment penses-tu résoudre le problème ? »

En bref, quelles que soient les questions posées, l'essentiel est qu'elles prennent sens pour l'enfant.

Un soir, nous étions en vacances et l'un de nos fils (alors âgé de 16 ans) nous a demandé de lui prêter 10 €, pour « boire un pot » avec ses amis dans l'hôtel où nous résidions. Comme je n'avais pas de monnaie sur moi, je lui ai donné 20 €, en lui précisant que je m'attendais à ce qu'il me rende 10 € par la suite.

Après cette soirée, deux jours ont passé sans que mon fils ne me rende quoi que ce soit. C'est donc moi qui ai abordé le sujet. Il m'a avoué, tout penaud, qu'il avait tout dépensé. Et que, de plus, il était sorti en dehors de l'hôtel sans notre autorisation… Je lui ai exprimé mon désarroi, ma tristesse et le besoin de confiance que j'avais, pour que nous puissions passer tous ensemble des vacances détendues. Et je lui ai demandé ce qu'il suggérait pour réparer son erreur :

« Je vais réfléchir, m'a-t-il dit, tu veux la réponse pour quand ?

– Disons ce soir. Ça te conviendrait ?

– OK. »

Le soir même, je lui ai demandé le résultat de sa réflexion et il m'a répondu : « Est-ce que tu peux quand même me faire confiance et attendre un peu ? C'est une surprise ! » J'étais intriguée et un peu excitée par cette idée…

Le lendemain matin, sur mon plateau de petit déjeuner, j'ai trouvé une petite boîte à savon (il avait fait avec les moyens du bord) dans laquelle étaient enroulés vingt petits papiers (comme les 20 €). J'avais pour consigne de ne pas en déplier plus d'un par jour. Sur chacun d'eux, il y avait un « Bon pour… » (un p'tit bisou, un mot gentil, une tasse de thé, un *hug*, etc.) !

Acceptez votre colère et prenez votre temps !

Lorsque nous ressentons une émotion violente, nous la sentons « monter » comme du lait dans une casserole, et nous sommes submergés ! Sous l'effet de l'adrénaline et du cortisol (deux hormones que nous sécrétons quand nous sommes stressés), notre rythme cardiaque s'accélère, les muscles de nos bras et de nos jambes se tendent. Nous sommes prêts à l'attaque, parés pour le combat ! Et cette réaction primitive nous a bien souvent sauvé la vie…

Puis « ça sort » : plus de place pour la raison ni pour les bonnes intentions, nous ne pouvons plus contenir notre excès d'émotion. Même un sentiment joyeux (qui ne nous prépare pas à l'attaque, bien sûr !) nous envahit tout entier de la même façon, et nous déborde aussi parfois. Souvenez-vous du sentiment d'amour qui a pu vous inonder dans certaines circonstances – et comment vous avez, à ce moment-là, perdu toute capacité de réflexion. Rappelez-vous la phrase de Blaise Pascal : « Le cœur a ses raisons que la raison ne connaît pas. »

Nous pouvons faire face à ces excès émotionnels sous deux conditions :

Les accepter !
Nous avons le droit d'être en colère, nous, comme nos enfants… C'est un sentiment comme un autre, qui dit quelque chose de nous. Nous sommes heurtés par certains comportements, certains mots prononcés, parce qu'ils viennent percuter quelque chose de notre intimité. Nous nous sentons alors frustrés, impuissants, malheureux, et nous avons besoin de le dire ! Nous pouvons montrer cette colère à l'autre ; en revanche, ce qui n'est pas juste, c'est de la rejeter sur lui, de la lui « mettre en pleine face ». Cette nuance est importante : elle va vous permettre de vivre votre émotion, sans abîmer le lien avec votre enfant (ou votre conjoint !).

Laisser passer du temps entre notre « décharge émotionnelle » et notre réaction vis-à-vis de l'autre
Dans l'immédiat, nous pouvons nous adresser à lui en lui disant par exemple : « Je suis vraiment en colère lorsque je t'entends dire ça. J'ai besoin d'un peu de temps pour réfléchir ; nous en reparlerons tout à l'heure ! »

Sous la forme d'un schéma de « bonhommes patates », ça donnerait quelque chose comme cela :

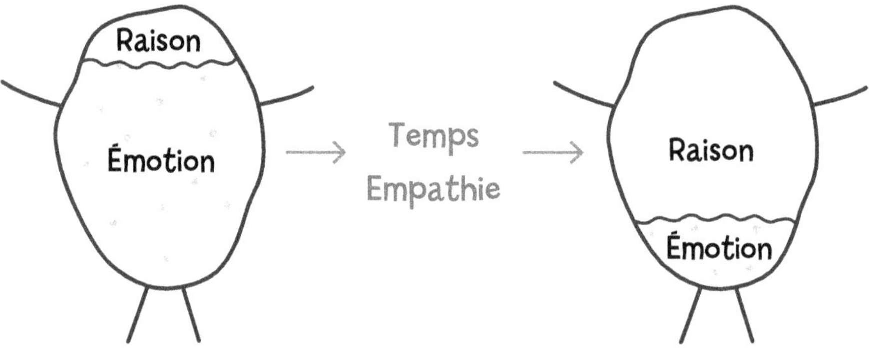

Et ce qui est vrai pour nous l'est aussi pour nos enfants. Inutile donc de leur expliquer quelque chose tant qu'ils sont énervés : pour eux non plus, cet état ne laisse plus accès à la raison. C'est pourquoi un problème ne se résout pas « à chaud » !

Lorsque j'ai découvert que le fait de prendre mon temps résolvait bien des problèmes, cette phrase est devenue presque rituelle : « J'ai besoin de temps pour te répondre… ». De même, lorsque l'un de vos enfants vous demande de l'écouter de toute urgence, ou de lui faire réciter ses leçons alors que vous êtes concentré sur une autre tâche, vous pouvez tout à fait lui répondre : « OK, je sais que c'est important pour toi que je t'écoute, et c'est aussi important pour moi. Alors je te propose que nous en reparlions dans une demi-heure. Est-ce que cela te convient ? »

L'impact positif de cette manière d'être est incroyable ! Aujourd'hui, mes enfants répondent très rarement du tac au tac à une question qui les engage ; ils prennent presque toujours un temps de réflexion. « As-tu besoin de la réponse ce soir, me demandent-ils, ça te va si je te la donne demain ? » Quel cadeau ils me font là ! Je sais qu'ainsi ils s'approprient la question, pèsent leur décision et vont au plus juste pour eux.

Un lieu pour accueillir la colère et la réflexion

Quelquefois, il est important de pouvoir concrétiser ce temps de réflexion par un rituel particulier, dans un petit coin de la maison prévu à cet effet. Chez Hélène, par exemple, tout le monde s'y est mis pour aménager un petit placard sous l'escalier, comme un « nid douillet » dans lequel les enfants se réfugient lorsqu'ils sont en colère. Chez Alex, son fils va jouer aux Lego et sa fille met de la musique. Chez Myriam, un fauteuil spécifique accueille uniquement ceux qui ont besoin de réfléchir… Chacun expérimente !

Il est souvent intéressant que tous les membres de la famille échangent au sujet de la colère. Vous pouvez expliquer aux enfants ce qui se passe quand on est en colère. Que tous les êtres humains fonctionnent sur le même mode ! Au besoin, montrez-leur le petit dessin ci-contre : ils sont très réceptifs aux explications, qui ajouteront du sens à ce que vous pourrez leur proposer.

Et puis, jouez le jeu vous aussi ; nommez ce qui vous permet de vous détendre, et prévenez vos enfants : « Alors, nous sommes d'accord ! Lorsque je me sentirai énervé(e) et que j'aurai besoin de me calmer, j'irai faire un tour dans le jardin… » Il est important que chacun respecte ce besoin de recentrage. C'est une façon de dire : « Nous avons tous le droit d'être en colère. Toi aussi, quelquefois, tu es très énervé, et je respecte ce que tu vis. Je ne suis pas forcément d'accord avec ce que tu dis, mais ton émotion t'appartient et je ne la juge pas. Et il est juste que tu puisses prendre le temps qu'il faut pour te calmer.»

Quand prendre son temps est trop compliqué...

Il existe beaucoup de moyens, de petits «trucs» pour exprimer des sentiments difficiles sans abîmer celui qui se trouve en face de nous (et qui, parfois, a été le facteur déclenchant de ces émotions !) :

- Physiquement, corporellement, reculez-vous un peu, pour ne pas «jeter des mots qui claquent» à la figure de celui qui vous fait face.
- Parlez en employant le «je» (ex. : «Je ne suis vraiment pas content quand je vois l'état de ton vélo», et non pas : «Tu casses toujours tout, regarde ce que tu as fait de ton vélo !»).
- Dessinez (je devrais dire «gribouillez») votre émotion. Pour cela, prenez un papier et un crayon, et dites : «Je vais te montrer combien je suis triste.» Vous pouvez aussi jouer en musique les sentiments qui vous habitent. C'est de cette façon que Véronique, une maman que j'ai rencontrée en atelier, a permis à son petit garçon d'exprimer des cauchemars récurrents, qu'il ne parvenait pas vraiment à raconter : ses mauvais rêves ont cessé le jour où elle lui a proposé de les «jouer» au piano.
- Laissez à la disposition de toute la famille un coussin, ou tout autre objet mou, avec une raquette de tennis ou de ping-pong… et tapez dessus pour vous défouler lorsque le besoin s'en fait ressentir ! Jacques Salomé (psychologue et écrivain français, né en 1935) raconte comment il a un jour «montré sa colère» à sa fille en criant et en tapant sur un coussin avec une raquette de tennis, alors qu'elle était entrée dans la chambre parentale au mauvais moment et sans frapper. Vous pouvez consulter sur YouTube cette très jolie vidéo, sous l'intitulé : «Émotions : mieux comprendre la colère !»
- Adoptez la méthode que, personnellement, je préfère, et que je nomme «empathie corporelle». À la maison, j'ai énormément utilisé cette technique quand l'ambiance était électrique, quand je voyais mes enfants «se chercher» ou quand ils rentraient de l'école énervés, sans avoir forcément envie de me raconter pourquoi... Je leur proposais alors : «On se bagarre ?»

Comment procéder ? Face à face, bras tendus, mains contre mains, on se pousse le plus fort possible, en criant, en se défoulant, en y mettant toute son énergie… Règle du jeu à rappeler au préalable : on ne tape pas, on ne pince pas, on ne fait pas de croche-pied pour faire tomber l'autre. Il faut aussi adapter sa poussée à celle de l'enfant s'il est petit… Et il n'y a ni gagnant, ni perdant !

Je pratique encore régulièrement ce petit jeu avec mon plus jeune fils (même s'il est maintenant bien plus fort que moi, il fait attention à sa mère !) ou avec mon conjoint, lorsque nous sommes fâchés l'un contre l'autre et que nous ne voulons pas nous faire mal avec des mots qui pourraient être destructeurs… Car cette technique permet souvent de se séparer « non fâchés ».

Par ailleurs, comme je vous l'ai dit, il est nécessaire de laisser passer du temps entre la crise et le moment de l'explication… Quand il arrivait que je me dispute avec l'un de mes enfants au moment de partir à l'école ou au travail, nous nous engagions à reparler du problème le soir (ou le lendemain). Mais je trouvais cependant terrible et injuste que nous nous séparions fâchés pour la journée. Alors nous nous « poussions » pour exprimer notre désaccord et, dans le même temps, *rester connectés, en lien*. C'était une manière de dire : « Je suis vraiment très fâché, et je t'aime, et tu es important pour moi. » Essayez, vous verrez : vous ne connaîtrez plus de culpabilité en vous couchant, plein de regrets, ou en passant une journée de travail accaparé par la dispute du matin !

Tirer les conclusions de son erreur pour assimiler l'expérience

Il est également fondamental d'aider l'enfant à tirer les enseignements de son erreur, comme de l'expérience de réparation qu'il a vécue. Cela ne se fait pas sur l'instant. Selon la gravité de l'erreur et l'âge de l'enfant, on y revient un peu plus tard, avec cette petite phrase toute simple : « Qu'as-tu appris de cette situation ? »

Dans un ordre d'idée assez similaire, l'un de mes enfants a dû effectuer un stage en entreprise particulièrement éprouvant. Après concertation, son père et moi-même ne sommes pas intervenus pour aller voir les responsables. Nous nous sommes dit que la vie professionnelle était parfois rude, et que notre fils avait à se fortifier pour affronter le monde des adultes. Nous avons en revanche été vigilants quant au fait d'être très présents, à l'écoute lorsque son moral était en berne, sans jamais lui donner de conseils. Nous étions là, tout simplement.

Quelques semaines plus tard, j'ai évoqué avec mon fils cette expérience pénible, et je lui ai posé la fameuse question : « Qu'as-tu appris ? » Il a réfléchi un moment (je vous l'ai dit, mes enfants ne me répondent plus du tac au tac !), puis il m'a dit : « Avant, je doutais parfois de moi-même. Je sais bien que, quand on est ado, on est lent et souvent fatigué. Tu m'as expliqué l'histoire des hormones, c'est vrai… Mais quand même, des fois, je me demandais si je n'étais pas paresseux, et ça me turlupinait. Grâce à ce stage, je sais que non. Je suis courageux et résistant. C'est ça que ça m'a appris ! »

Si je ne lui avais pas posé cette question, il est plus que probable que notre fils n'aurait pas mis de mots sur ce qu'il avait vécu. Il n'aurait alors pas pu s'approprier ses découvertes, ni les intégrer.

Appuyez-vous sur la communication non violente !

Durant trois semaines, j'ai eu la chance immense d'être l'élève de Marshall Rosenberg (docteur en psychologie américain, créateur de la communication non violente ou « CNV », 1934-2015). Cette expérience a bouleversé ma vie, et ma relation avec mes enfants comme avec mon conjoint.

La CNV propose de développer la conscience de ce que nous vivons, à partir de quatre points simples et essentiels :

- J'observe ce qui se passe réellement dans une situation précise : qu'est-ce qui, dans les paroles ou les actes de mon interlocuteur, contribue à mon bien/mal-être ?
- J'exprime ce que je ressens en présence de ces faits : suis-je triste ? Joyeux ? Inquiet ? Fâché ?
- Puis, je précise le besoin à l'origine de ces sentiments.
- Enfin, je fais une demande à mon interlocuteur.

Chaque étape est fondamentale, et mériterait bien sûr d'être développée… Pour en savoir plus, vous pouvez vous référer aux livres de Marshall Rosenberg lui-même et à ceux de Thomas d'Ansembourg (formateur en CNV).

Ici, je voudrais simplement vous parler un peu de l'émotion (ou du « sentiment », la CNV ne faisant pas de différence entre les deux). Pour Marshall Rosenberg, elle est l'expression d'un besoin. Par exemple, lorsque j'écris ce livre, je me sens très vivante et joyeuse, parce que j'assouvis un besoin prégnant chez moi : celui de la transmission. Vivre une émotion agréable est la manifestation d'un besoin satisfait. À l'inverse, vivre une émotion désagréable indique que certains besoins fondamentaux ne sont pas comblés.

Par exemple, si je me sens agacée parce que mon enfant n'a pas rangé sa chambre, mes besoins d'ordre et d'hygiène ne sont peut-être pas comblés. Et je pourrais lui dire : « Quand tu laisses traîner tes vêtements par terre et que ton lit n'est pas fait (*observation*), je suis agacée (*sentiment*) parce que j'ai besoin d'ordre et d'hygiène dans cette maison (*besoin*). Pourrais-tu, s'il te plaît, faire ton lit et ranger tes vêtements (*demande*) ? » En communiquant ainsi, j'établis un dialogue « de cœur à cœur », nous dit Rosenberg. Je parle de moi-même, de mes sentiments et besoins ; je ne juge ni n'ordonne : je fais une demande, qui peut être acceptée ou non par mon interlocuteur. Et, dans le cas où ma demande ne ferait pas écho chez lui, je pourrais continuer la « danse du dialogue » jusqu'à ce que nous nous entendions, dans le respect des besoins de l'un et de l'autre.

Souvent, en fin de matinée ou en rentrant de l'école, mes enfants étaient bagarreurs et énervés, en bref, un peu pénibles ! Me focaliser sur les émotions déplaisantes que cela me procurait ne servait alors à rien : leur besoin fondamental inassouvi était… la faim ! Pour moi, dans ce type de situation, il a été capital de comprendre que l'agressivité (la mienne ou celle de mes enfants) était l'expression d'un besoin insatisfait.

Dans le même registre, j'ai pris conscience que, parfois, je criais parce que j'avais un terrible besoin de repos et de détente. Et cela a tout changé ! J'ai enfin saisi qu'il ne servait à rien que je « fasse des efforts sur moi-même ». Il me suffisait d'accepter de laisser l'aspirateur dans le placard et d'aller prendre un bouquin… C'était si simple !

De la même façon, il m'est devenu beaucoup plus facile d'accepter la colère d'un de mes fils vis-à-vis de son entraîneur de basket, d'entrer en empathie avec lui. Parce que j'ai compris que, derrière son emportement, il y avait une profonde tristesse de ne pas avoir été sélectionné pour le prochain match. Et que son besoin inassouvi était alors l'un des besoins fondamentaux de l'être humain (juste derrière boire, manger et dormir) : être reconnu.

La communication non violente en pratique...

J'étais encore infirmière scolaire dans un collège lorsqu'un jour, j'ai reçu un coup de téléphone de la maman de Raphaël, un petit garçon de sixième. Au cours d'une bagarre, Jean-Charles, l'un des camarades de classe de son fils, avait insulté ce dernier en lui disant : « Sale Juif, va au four ! »

Avec l'accord du proviseur, et afin d'éviter l'exclusion du fautif, j'ai décidé de convoquer les deux enfants et leurs parents un soir, à la sortie de l'école. Jean-Charles est arrivé avec sa maman seulement, Raphaël avec ses deux parents. L'atmosphère était tendue. La maman de Jean-Charles était sur la défensive, et les parents de Raphaël, inquiets. C'est moi qui ai entamé la discussion en remerciant chacun d'être venu, puis en m'adressant à Jean-Charles :

« Jean-Charles, je vous ai demandé à tous de venir aujourd'hui parce que ce qui s'est passé est très grave. Est-ce que tu sais de quoi je veux parler ?

– C'est ce que j'ai dit à Raphaël.

– Oui. Te souviens-tu exactement de ce que tu lui as dit ?

– Je l'ai traité de "sale Juif".

– Oui. Et tu as ajouté "Va au four !", c'est exact ?

– Oui.

– J'imagine que, pour dire ça, tu devais être très en colère. Tu étais en train de te bagarrer avec Raphaël, apparemment. Et peut-être était-il plus fort que toi ?

– Oui.

– Alors, tu as voulu lui faire mal avec des mots, parce que tu n'y arrivais pas avec tes poings, c'est ça ?

– Ben oui (et je vois Jean-Charles se détendre).

– Et tu as réussi ! Quelquefois, les mots font bien plus mal que les poings... Et toi, Raphaël, que s'est-il passé pour toi ? Lorsque Jean-Charles t'a dit ça, qu'as-tu ressenti ?

...

...

– J'sais pas (silence). Peut-être de la peur, j'sais pas trop. J'avais envie de l'écrabouiller. C'est la surveillante qui est venue nous séparer, mais je lui ai rien dit.

– Maintenant, que comprends-tu de ce qui s'est passé ?

– C'est parce que lui aussi il avait peur de moi, il a voulu se défendre.

– C'est bien ça, Jean-Charles ?

– Oui.

– Dis-moi, Jean-Charles, est-ce que ça t'intéresserait de savoir ce que les parents de Raphaël ont ressenti lorsqu'ils ont appris cette histoire ? »

Je lis de l'étonnement dans les yeux de Jean-Charles, puis il murmure :

« D'accord.

– Madame, voudriez-vous nous dire ce que vous avez ressenti lorsque Raphaël vous a raconté cette bagarre avec Jean-Charles ?

– J'ai eu peur ! a dit la maman de Raphaël.

– Est-ce que vous pourriez nous raconter ce que vous vous êtes dit pour avoir peur ?

– Mes grands-parents sont morts en déportation, ils ont pu sauver ma mère qui est partie chez des gens à la campagne. Lorsque j'ai moi-même eu des enfants, j'ai fait des cauchemars en imaginant que ça pourrait un jour leur arriver. C'est cela que cette histoire est venue réveiller en moi. Eh oui, j'ai peur pour mes enfants. »

Je surveillais Raphaël du coin de l'œil. Il ne disait rien mais il n'en perdait pas une miette. Je trouve essentiel de ne pas banaliser ce genre d'insultes ; aussi, j'ai continué :

« Aujourd'hui, qu'est-ce qui pourrait vous rassurer ?

– Que Jean-Charles comprenne ce qu'il a dit.

– OK. Jean-Charles, as-tu une idée de ce que signifie ce que tu as dit ?

– Ben oui, ça parle de la Seconde Guerre mondiale.

– Oui. Mais plus précisément, que s'est-il passé pendant cette guerre ?

...

...

– On a brûlé les Juifs.

– Oui. Sais-tu qu'aujourd'hui, ce que tu as dit est considéré comme une insulte aux yeux de la loi ? Et que celui qui dit de telles choses peut payer une grosse amende et aller en prison ? Toi, tu es encore un enfant, et ce serait différent, même si je ne sais pas trop comment cela se passerait. Mais les parents de Raphaël pourraient porter plainte contre toi... Bon, et maintenant, qu'imagines-tu pouvoir faire pour réparer ce que tu as dit ?

– Je pourrais faire un exposé à toute la classe sur la Seconde Guerre mondiale ?

– C'est une bonne idée ! Qu'en pensent les autres ? Raphaël ?

– J'sais pas. P't'être ! Mais j'veux pas l'aider !

– OK ! Et vous, Madame ? (Je m'adressais à la mère de Jean-Charles.)

– Je ne suis pas d'accord avec ce que Jean-Charles a dit, et je veux qu'il comprenne pourquoi on ne dit pas des choses comme ça, même quand on veut se défendre.

– Jean-Charles, ce que tu proposes est vraiment une bonne idée, et en même temps, je crois que faire un exposé sur toute la Seconde Guerre mondiale est un sujet trop vaste ! Dans cette ville, un petit garçon de votre âge a été déporté et il est mort gazé. Serais-tu d'accord pour raconter son histoire à toute la classe ? »

J'ai vu Jean-Charles s'animer : « Oui, je veux bien. » La mère de Jean-Charles a dit : « Je pourrais l'aider, il faudrait nous dire où l'on pourrait trouver les informations. »

L'histoire s'est terminée comme ça. J'ai eu la maman de Jean-Charles plusieurs fois au téléphone pour la mettre en lien avec des personnes compétentes, et Jean-Charles a fait son exposé. Quelques jours plus tard, je l'ai reçu dans mon bureau pour lui demander « ce que toute cette histoire lui avait appris » :

« Je croyais pas que c'était comme ça, la déportation des Juifs. Ça m'a fait pleurer quand j'ai imaginé ce petit garçon. Ses parents n'étaient même pas avec lui en plus. Ça a dû être horrible. Je ne sais pas

...

...

comment il y a des papas qui ont pu enfermer des enfants dans les chambres à gaz. Ce qui est sûr, c'est que je ne dirai plus jamais des trucs comme ça. (Silence.) En fait, j'ai demandé à maman de m'inscrire au cours de karaté l'année prochaine. Tu crois que c'est une bonne idée ? » J'ai éclaté de rire !

Pourquoi raconter cette histoire après avoir évoqué la CNV ? Parce que le processus que j'ai suivi visait clairement une prise de conscience de la part de Jean-Charles, par rapport à la gravité des propos qu'il avait tenus et à la réparation de son erreur.

Afin de manifester de l'empathie envers lui (ça n'a pas été facile au départ, et j'ai pris soin de fixer le rendez-vous quelques jours après la bagarre, le temps que mes propres émotions s'apaisent), je me suis demandé ce qu'il avait ressenti pour proférer de telles paroles : il s'était senti débordé, il avait eu peur. Quel était son besoin, derrière ces mots ? Se défendre. Quels étaient les sentiments de la maman de Raphaël ? La peur, l'angoisse. Quels besoins étaient derrière ? Être rassurée quant à la sécurité et à la vie de ses enfants. Comment pouvait-elle répondre à ces besoins ? En étant confiante quant au fait que Jean-Charles avait compris la portée de ses paroles, et qu'il les regrettait.

Exercice

Remémorez-vous certaines de vos erreurs, et rappelez-vous de quelle façon elles vous ont fait progresser…

Une erreur que j'ai faite

....

....

....

....

....

....

....

....

Ce que j'en ai appris

....

....

....

....

....

....

....

....

Une erreur que j'ai faite

....

....

....

....

....

....

....

....

Ce que j'en ai appris

Une erreur que j'ai faite

Ce que j'en ai appris

CHAPITRE 7

PUNIR OU SANCTIONNER ?

On punit une personne alors qu'on sanctionne un acte.
Jean-Marie Petitclerc
(prêtre catholique, polytechnicien et éducateur spécialisé, né en 1953)

Faut-il souffrir pour apprendre ?

Pour nos enfants, transgresser les règles représente une tentative maladroite d'extérioriser une souffrance. Quand ils ne respectent pas le cadre qui leur est posé, il ne s'agit pas, comme nous le pensons trop souvent, de nous obliger à « poser des limites » qui, soi-disant, les rassureraient. Je veux être très claire : ce qui sécurise le plus un enfant, c'est l'amour et l'attention que lui portent ses parents, ce ne sont pas les « limites » ! Et, pour « sentir » ce lien qui nous attache à eux, nos enfants ont une stratégie très efficace : ils outrepassent les consignes ! Pour autant, faut-il les punir lorsque leur comportement ne correspond pas aux règles fixées avec eux ?

Le mot « punition » est issu du latin *poena* qui signifie « peine », « châtiment ». La notion de punition induit donc l'idée d'une chose pénible, d'une humiliation, d'une soumission par peur de souffrir. Elle représente une réaction fermée sur le passé, face à un « fautif » qui doit « payer ».

Pour l'enfant, comme nous l'avons vu, être puni peut provoquer :

- de la rancœur, et parfois un sentiment d'injustice qui s'accompagne d'une perte de confiance dans les adultes ;
- une envie de rébellion (« Je vais faire l'inverse de ce qu'ils attendent de moi, pour leur montrer qu'ils ne peuvent pas m'obliger à agir comme ils le veulent ! ») ;
- une tendance à dissimuler, à mentir (« La prochaine fois, je ne me ferai pas prendre, ou alors je ne dirai rien pour ne pas me faire gronder ! ») ;
- au bout du compte, une baisse de l'estime de soi (« Puisque mes parents me punissent, c'est qu'ils ne sont pas contents de moi et que je suis nul ! »).

Le mot « sanction », quant à lui, vient du latin *sancio* qui veut dire « je consacre », « je rends inviolable par un acte religieux ». La sanction s'accompagne donc d'une notion de vertu (c'est dans ce sens, par exemple, que l'on dit qu'un diplôme « sanctionne » tout un cursus d'études). De fait, elle vise la compréhension et l'intégration des règles (comme des lois !), et elle ambitionne la prise de responsabilité de celui qui en a transgressé les principes.

Joan Pawnee parle de la sanction comme d'un acte qui aide l'enfant « à grandir bien droit » : « Une de nos filles, un jour, alors qu'elle était petite, me reprochait de la sanctionner. Le hasard avait voulu qu'un jeune arbre ait justement besoin d'un tuteur. Alors nous sommes allées dehors et je lui ai montré cet arbre qui sans notre aide, notre amour, risquait de se briser, de pousser en déséquilibre, d'être plus vulnérable aux intempéries. En posant un tuteur pour cet arbre, je disais à ce dernier combien je le trouvais beau, et que mon intervention avait pour seul but de l'accompagner, car je savais qu'il avait tout en lui pour devenir magnifique. Ce petit travail fait ensemble résumait tout, et ma fille comprit très bien où j'allais avec cette histoire d'arbre et de tuteur. Nous avons passé un beau moment, ô combien riche ! »

Définir une sanction cohérente…

Pour que la sanction joue son rôle, il est particulièrement important qu'elle soit EN LIEN AVEC L'ACTE AUQUEL ELLE RÉPOND. Si mon enfant a cassé les lattes de son lit en sautant dessus, il est inopérant de le priver d'aller chez son copain l'après-midi ! S'il a injurié son frère, il ne sert à rien de le priver d'ordinateur ! En revanche, s'il a eu une mauvaise note à son devoir d'histoire parce que, la veille du contrôle, il avait passé son temps à jouer aux jeux vidéo, alors oui, il peut être sanctionné en perdant le droit d'utiliser son ordinateur pour quelque temps…

Attention également aux sanctions dont nous menaçons nos enfants sans pouvoir les appliquer, parce que nous les trouvons trop sévères ! La sanction doit être réaliste, avoir du sens pour ceux qui la vivent et être formulée dans le respect, la bienveillance et la fermeté. Il s'agit en effet d'une contrainte non violente, qui vise à éduquer nos enfants pour qu'ils deviennent plus responsables.

Sur le chemin de la responsabilité

« J'ai assisté une première fois aux ateliers, qui ont bouleversé notre vie de famille. Deux ans plus tard, j'ai souhaité les suivre à nouveau, accompagnée cette fois-ci de mon mari... En écoutant les uns et les autres, j'ai mesuré encore davantage le chemin accompli. Je me suis rendu compte que je n'avais plus sanctionné aucun de mes enfants depuis longtemps. À vrai dire, je n'utilisais même plus le mot "réparer" : il suffisait que nous abordions un problème pour que le processus se mette en marche tout seul. Les uns et les autres prenaient alors la responsabilité de leurs actes, enfants comme parents. »

Gabrielle

Des « conséquences » fixées à l'avance

Les Québécois ne parlent ni de punition, ni même de sanction, mais plutôt de « conséquences ». C'est donc être un parent inconséquent que de ne pas répondre à une règle transgressée… !

La première voie à privilégier consiste à proposer à l'enfant de regarder cette infraction comme une erreur qu'il peut réparer. Mais parfois (surtout au début de ce mode d'éducation), il ne veut pas, ou ne sait pas comment coopérer. Il faut alors respecter son choix, tout en lui indiquant clairement ce qui va se passer ensuite : « D'accord, je vois que tu ne souhaites pas réparer toi-même ton erreur, et c'est ton choix. Tu connais la conséquence : tu perds la possibilité de te servir de ton ordinateur pour toute la semaine. La prochaine fois, tu décideras peut-être de réparer par toi-même. »

Cela induit que l'enfant connaît à l'avance les conséquences des manquements aux règles décidées par tous, ce qui peut aussi lui permettre d'anticiper la sanction :

« Nous nous sommes entendus sur le fait que tu devais te coucher à 20 heures, et il est 20 h 30. Te souviens-tu de la conséquence prévue ?

– Ah oui, demain je me coucherai une demi-heure plus tôt…

– C'est exact, je compte sur toi pour être au lit à 19 h 30 demain. »

Et bien sûr, il n'est pas question qu'à cause d'un des parents (par exemple, parce que le repas n'est pas prêt à l'heure), l'enfant soit dans l'impossibilité de tenir son engagement… Le sens (et la congruence) résident aussi dans cet aspect des choses !

Trouver le courage d'être « congruent »

« Nous avions tous décidé, pour nous respecter les uns les autres, d'observer et de tenir les horaires convenus. Notre fils, Lucas, s'était entraîné dur au basket, et son équipe avait été sélectionnée pour les championnats de France. Le match devant avoir lieu à Marseille, deux familles s'étaient portées volontaires pour amener là-bas en voiture les enfants et leur entraîneur. À l'heure du rendez-vous, Lucas n'était pas là : il se baladait en ville avec des copains. J'ai demandé à tout le monde de partir, et je crois que c'est l'une des décisions les plus difficiles que j'aie eues à prendre en tant que père : Lucas est arrivé avec dix minutes de retard, et il n'a pas pu jouer le match. »

Henri

Comment décider d'une conséquence ?

D'une famille à une autre, le même geste, la même parole, le même acte peuvent prendre des significations différentes… La sanction décidée par les parents dépend donc de la transgression à laquelle ils doivent répondre, comme du contexte familial : il ne s'agit en aucun cas d'une réponse « toute faite » ! Pour la définir, interrogez-vous d'abord sur ce qui a été remis en cause par le comportement de l'enfant qui a transgressé la règle (ex. : votre confiance en lui). Vous pouvez ensuite essayer de procéder selon les étapes suivantes :

Prenez votre temps

Ne posez pas la sanction au moment de la crise, au risque qu'elle se transforme en punition parce que vous êtes en colère... À la place, mettez en pratique ce que vous avez décidé de faire lorsqu'il vous faut « faire descendre la pression » (ex. : aller faire un tour dans le jardin ou faire un tour aux toilettes !).

Faites preuve d'empathie

Une fois votre colère retombée, abordez votre enfant en essayant de vous mettre à sa place : « J'imagine que tu devais être sacrément énervé pour détruire toute la construction de ton frère ! » Ce faisant, rappelez-vous que comprendre, ce n'est pas accepter : comme le dit Haïm Ginott[18], « tous les sentiments sont légitimes, tous les comportements ne sont pas acceptables ».

Verbalisez votre propre ressenti

Dites par exemple à votre enfant : « Je me sens triste et désolé lorsque tu ne respectes pas les valeurs de notre famille. »

Rappelez la règle

« Tu te souviens que nous avions décidé ensemble que l'on pouvait exprimer son désaccord par des mots, mais pas par de la destruction. »

Proposez à votre enfant de réparer l'erreur qu'il a commise

Demandez-lui, le cas échéant : « Comment proposes-tu de réparer la relation avec ton frère ? » Globalement, l'idée est d'identifier avec lui « ce qui a été abîmé » par son acte (vous pouvez même lui poser directement la question « Qu'est-ce qui a été abîmé ? », pour l'aider à trouver une « réparation »).

Si la réparation n'est pas possible, posez la conséquence des actes

« Tu as choisi de ne pas réparer par toi-même. Tu perds donc la possibilité de jouer avec ton frère jusqu'à ce soir, et je te demande d'aller jouer sans lui. »

18. Voir chapitre 2.

Trouver le meilleur moyen de restaurer la confiance

Jérémie a triché lors d'un contrôle, et sa maîtresse lui a donné des lignes à copier. Son papa est mécontent que son fils ait triché, et voudrait qu'il comprenne la portée de l'acte qu'il a commis. En revanche, il estime qu'écrire des lignes n'a aucun rapport avec le fait de tricher, et il doute que cette punition empêche Jérémie de recommencer la fois suivante... Il décide d'aller voir la maîtresse et de lui « faire un bout d'atelier ».

L'enseignante se montre très réceptive aux arguments du papa, et tous deux appellent Jérémie. Ils lui rappellent la règle posée pour respecter une valeur particulière, l'honnêteté, puis la maîtresse expose son sentiment : « J'ai été vraiment triste quand j'ai constaté que tu avais triché. Parce que j'avais confiance en toi. Et tu vois, ce que tu as abimé, c'est la confiance que j'avais en toi. Comment penses-tu réparer ça ? »

Dans cette classe, l'enseignante avait instauré un rituel que Jérémie avait parfaitement compris : une fois par semaine, l'enfant auquel la maîtresse voulait montrer sa confiance avait le privilège de préparer les petits pots de peinture pour l'atelier de dessin. Très logiquement, Jérémie a proposé de remplir lui-même les gobelets de ses camarades la semaine suivante.

Lorsque j'ai raconté l'histoire de Jérémie lors d'une conférence, l'une des participantes s'est écriée : « Mais c'est trop facile si la sanction leur fait plaisir ! » Il faut être clair : quel est l'objectif visé dans le cas présent ? S'il s'agit de restaurer la confiance, alors le but est atteint ! La conséquence doit représenter une issue honorable, sans humiliation, pour attribuer à l'enfant la responsabilité de son acte et lui permettre d'assimiler la règle. Personnellement, comme le papa de Jérémie, je ne vois pas en quoi le fait de copier des lignes permettrait d'atteindre cet objectif…

L'erreur, une opportunité d'apprentissage

Empathie

↓

Temps de pause (dans un lieu dédié)

↓

Moment approprié

↓

Questions ouvertes (vous pouvez aider à trouver les réponses, sans les imposer) : « Que penses-tu de ton geste/ton attitude ? Qu'est ce que tu essayais de faire ? Comment penses-tu que l'autre se sent ? Comment est-ce que tu te situes par rapport à telle valeur[19] ? Comment peux-tu réparer ? Si toi-même tu avais subi ça, qu'aimerais-tu que l'on fasse ? »
NB : évitez les questions commençant par « Pourquoi », et soyez attentif au « non-verbal » (vos gestes, votre expression)

↓

Laissez-lui le temps d'y réfléchir

↓

« Tu as le choix »

Ou bien ↓ **Recherche de solution**

- **Par votre enfant lui-même** → Plus tard
- **Par votre enfant et par vous-même**
  Quand le problème est récurrent (ex : devoirs non faits, retards réguliers...)
  ↓
  Brainstorming

Ou bien ↓ **Loi, règles, contrats** (avec leurs conséquences) : l'enfant **prend ses responsabilités** et intègre la règle. **La conséquence** ou sanction doit avoir un sens et être **en lien** avec l'erreur ; **proportionnelle** à l'erreur ; **responsabilisante** (et non culpabilisante) → Plus tard

Plus tard :
« Qu'as-tu appris de cette expérience ? »
(question essentielle, car elle permet l'intégration de l'expérience)

19. Cf. la « Mission de famille » (chapitre. 10).

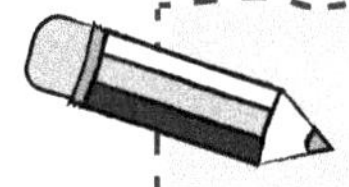

Exercice

Comme moi, vous regrettez sans doute régulièrement de n'avoir pas réagi comme vous l'auriez souhaité à une erreur commise par l'un de vos enfants. Peut-être vous êtes-vous énervé, peut-être avez-vous prononcé des mots qui dépassaient votre pensée, parce que vous étiez sous le coup de l'émotion… Peut-être aussi est-ce difficile pour vous d'avoir LA bonne idée de sanction, « adaptée, juste et en lien avec l'erreur commise »… (c'est d'ailleurs la raison pour laquelle je trouve que l'idée de « réparation » est tellement plus simple à appliquer !).

Je vais donc partager avec vous une petite astuce qui m'a souvent bien aidée, fondée sur ce que les Québécois appellent la « conséquence créatrice »… En fait, il existe plusieurs types de conséquences :

- **La conséquence logique**
« Tu as renversé ton jus de pomme, tu nettoies. » « Il devait rentrer à 21 heures, il arrive à 21 h 30. La prochaine fois, il rentrera 30 minutes plus tôt. » « Elle s'est servie de l'ordinateur à un moment où ça n'était pas autorisé : elle en est privée demain. »

- **La conséquence naturelle**
Il ne mange pas à table et il a faim une heure après la fin du repas : vous lui manifestez de l'empathie : « Je comprends que tu aies faim. Si tu veux, tu peux boire un verre d'eau. Et je suis confiante : je sais que tu vas pouvoir attendre l'heure du goûter. » Ou alors, elle a dépensé tout son argent de poche et n'a plus de quoi payer sa place de cinéma, alors qu'elle avait l'intention d'y aller avec sa copine. Là aussi, il n'y a qu'à rappeler la règle : « Tu sais que c'est toi qui paies tes sorties… Il va falloir attendre le mois prochain… Eh oui, ce film-là ne sera plus à l'écran, et j'imagine combien c'est frustrant pour

…

...

toi ! » Et c'est tout... Je veux dire par là qu'il n'y a pas à rajouter un « Je te l'avais bien dit ! » qui provoquera de la colère (ou pire encore, un « Fais comme ton frère : lui, il ne dépense pas tout son argent d'un coup ! »).

Mais alors, quelle conséquence (ou sanction) poser lorsque votre enfant a déchiré son manteau pour la énième fois ? Lorsque vous vous trouvez, aspirateur en main, à la porte d'une chambre en désordre, alors que vous aviez explicitement demandé qu'elle soit débarrassée du bazar qui l'encombre ? Comment réagir quand, une fois que vous êtes arrivés au dojo, votre fille s'aperçoit qu'elle a oublié son kimono ? Ou quand, à 19 heures, votre fils adoré se souvient soudainement que c'est à lui d'apporter le goûter pour la réunion du lendemain matin ? La difficulté, dans ces cas-là, c'est que l'enfant ne peut pas régler l'incident tout seul : c'est à vous de recoudre le manteau, de pousser les jeux dans un coin si vous tenez à passer l'aspirateur, de courir à l'épicerie d'à côté, etc.

Dans ce cas de figure, le concept de « conséquence créatrice » propose que vous évaluiez le temps que vous aurez à passer pour résoudre le problème, et que l'enfant vous restitue ce temps sous la forme d'un service. Par exemple : « Je vais retourner à la maison pour chercher ton kimono, et cela va me prendre trente minutes. Je te demande donc une demi-heure de ton temps, samedi, pour m'aider à la maison. »

...

…

Remémorez-vous les disputes que vous avez eues avec vos enfants ces derniers jours, les moments où vous avez sévi et ce que vous avez dit ou fait. Avec le recul, cela vous convient-il ? Sinon, comment auriez-vous pu agir différemment ? Quels types de conséquences auriez-vous pu poser ?

…

...

De même, je vous propose de prendre chaque jour un petit temps pour analyser vos réactions dans ce genre de situation, et comprendre comment vous auriez pu réagir de façon plus constructive pour l'enfant. C'est ainsi que nous améliorons nos réactions spontanées : c'est comme un apprentissage dans lequel nous serions notre propre maître !

CHAPITRE 8

NOS ENFANTS ONT DU TALENT !

Comment et pourquoi cultiver ses dons ?

Quand j'étais petite, j'adorais jouer à la bibliothécaire. Je rassemblais tous mes livres (et j'en avais quelques-uns, car j'étais une passionnée de lecture !), je les passais en revue, y insérais des fiches avec leur résumé, puis les étalais partout dans ma chambre. Je faisais ensuite « comme si » un lecteur entrait dans ma bibliothèque : je l'accueillais, lui demandais ce qu'il cherchait et lui proposais plusieurs livres répondant à sa requête. Je me lançais alors dans de grandes explications et racontais l'histoire des ouvrages proposés. J'aimais aussi jouer à la maîtresse, et je faisais à peu près la même chose : j'expliquais et racontais un tas d'histoires à mes élèves… Et puis, j'ai été maman, et l'une des choses que je préférais partager avec mes enfants, c'était l'histoire du soir. Des imagiers puis des contes, et plus tard les livres de Roald Dahl, jusqu'à lire tout haut *Quo vadis ?* ou *La Grande Crevasse*…

Je pense avoir été une infirmière ordinaire. Et il m'aura fallu beaucoup de temps, d'énergie et de rencontres pour comprendre où résident mes talents : ce que je sais faire, ce qui m'est « naturel », c'est *transmettre* en racontant des histoires… Trente ans pour admettre cette évidence ! Aujourd'hui, j'organise des ateliers pour les parents, je donne des conférences, j'écris un livre… Bref, je raconte plein d'histoires, et j'en suis très heureuse !

On imagine souvent que ceux qui réussissent le mieux sont ceux qui se fixent des objectifs ardus. La recherche montre que non : ceux qui rencontrent le plus de succès dans ce qu'ils entreprennent sont ceux qui se connaissent le mieux. Ils savent quelles sont leurs capacités, et se donnent des objectifs légèrement au-dessus de leur niveau de performance habituel. À l'inverse, ceux qui réussissent moins bien ne sont pas conscients de leurs possibilités. Aussi visent-ils souvent des buts trop élevés pour être réalistes, ou bien en deçà de leurs capacités.

Qu'est-ce qu'un talent ?

C'est un don inné, un cadeau de la vie, par exemple une aptitude remarquable pour le dessin, la musique, le chant… C'est une capacité exceptionnelle à exercer une activité précise, que nous pratiquons naturellement dans l'excellence… C'est une aisance dans un domaine particulier, que l'on avait déjà étant enfant, d'aussi loin que l'on s'en souvienne… Le talent, « on l'a ou on ne l'a pas » !

Mais le talent, ce sont aussi toutes les qualités personnelles que nous pouvons utiliser de manière positive dans un domaine, quel qu'il soit (ex. : la curiosité, la persévérance, le fait d'avoir le sens du contact avec les autres).

Et puis, le talent nous connecte également au plaisir ! Une activité, une occupation est un talent si vous pouvez l'exercer *constamment* avec plaisir et succès. Vous avez eu de la satisfaction à poser une étagère, mais vous ne seriez pas prêt à recommencer demain ? Alors, le bricolage n'est pas un point fort chez vous ! De même, vous pouvez éprouver une grande joie parce que vous avez réussi à faire comprendre les divisions à votre enfant ; pour autant, ce n'est pas un talent si, la plupart du temps, vous peinez à vous faire comprendre lorsque vous voulez expliquer quelque chose ! À l'inverse, on pourrait dire que vous avez la « fibre artistique », mais votre vrai talent, c'est la sculpture, parce que c'est lorsque vous sculptez que vous vous sentez dynamisé…

Accompagner nos enfants dans la connaissance d'eux-mêmes

Quoi qu'il en soit, être talentueux ne suffit pas : pour transformer ses dons en points forts, il faut les cultiver, savoir les développer en s'appuyant sur la connaissance et le savoir-faire. Ainsi, il y a des « vendeurs nés », mais s'ils n'acquièrent ni connaissances ni savoir-faire, ils « plafonneront » dans leur activité un jour ou l'autre !

Nos enfants aussi ont des talents uniques, qu'ils garderont toute leur vie. Nous considérons ces aptitudes comme « naturelles » et, au lieu de les cultiver, de féliciter nos filles et nos fils, de leur faire remarquer qu'ils sont uniques parce qu'ils réalisent facilement ce qu'ils sont en train de faire, nous essayons de corriger leurs « défauts » (« Il ne se concentre pas assez », « Elle est maladroite »,

« Il s'énerve facilement »). Pourtant, en aidant nos enfants à découvrir les domaines où ils excellent, nous pouvons non seulement leur apporter une meilleure connaissance d'eux-mêmes, mais aussi leur ouvrir de nouveaux horizons, afin qu'ils trouvent un sens à leur vie, une direction à suivre.

Nous considérons comme chanceux ceux qui savent ce qu'ils veulent faire depuis leur plus jeune âge. Ces jeunes-là sont plus optimistes, ont plus de vitalité et d'énergie, une meilleure confiance en eux… Eh bien, nous pouvons accompagner nos enfants dans cette prise de conscience, dans cette perception de leur individualité, dans la découverte de leurs forces et de leurs talents ! Comment ? En les observant ! Regardez-les jouer, notez ce qu'ils font spontanément avec plaisir.

Souvenez-vous aussi du témoignage de Vincent (chapitre 4) : « À la fin de la journée, j'ai complimenté Hugo sur la façon dont il s'était comporté. Je lui ai décrit ce que j'avais observé : comment il allait vers les gens, comment il trouvait des mots drôles pour établir le contact avec eux, comment il était présent, regardant les personnes dans les yeux, et en même temps léger. Bien sûr, il était heureux de ce que je lui disais. Mais plus que cela, ce que j'ai vu, c'est que ça lui avait fait du bien ! Et au final, je crois qu'il *s'est découvert un talent !* »

C'est aussi simple que cela. À nous ensuite d'aider nos enfants à développer leurs dons par le travail, l'apprentissage, les études, afin qu'ils deviennent les plus compétents dans leur domaine.

La recherche des talents a d'ailleurs ceci d'extraordinaire qu'elle révolutionne toute la stratégie dite d'« orientation scolaire ». Arrêtons de nous demander quelles sont les meilleures écoles et les carrières les plus porteuses, sachant que 70 % des métiers qu'exerceront nos enfants n'existent pas encore : découvrons ce qu'ils font bien et avec plaisir, de façon innée !

Par ailleurs, il est aberrant de croire qu'il faut à tout prix être polyvalent, qu'il est nécessaire de « tout maîtriser » pour réussir : le succès vient en maximisant et en travaillant ses talents, certainement pas en corrigeant ses points faibles…

Cultiver ses points forts : la clé de la réussite

Âgé d'à peine 30 ans, Bruno a accédé à d'importantes responsabilités au sein de son entreprise. Pour lui confier ce poste, son patron l'appréciait réellement. Cependant, il lui reprochait régulièrement son manque d'écoute et d'empathie avec le personnel. Bruno a donc essayé de se corriger en multipliant les stages de communication. Il a fait quelques progrès, mais sitôt qu'il se retrouvait dans le feu d'une discussion, sa passion reprenait le dessus : de nouveau, il agissait de façon autoritaire...

Et puis, peu à peu, Bruno a pris conscience de ses talents et les a verbalisés : de fait, c'est un excellent leader, créatif, innovant et d'un caractère authentique. Après avoir réalisé quelles étaient ses vraies qualités, il n'a plus essayé d'acquérir un talent qui n'était pas le sien : il s'est simplement entouré de personnes compétentes en matière de relations humaines ! Puis il s'est concentré sur ce qu'il savait réellement faire. Il a donc multiplié les formations pour travailler encore et encore sur ses talents innés (le leadership, la création, l'innovation, l'authenticité).

Aujourd'hui, dix ans ont passé et Bruno ne dirige plus une simple succursale de sa boîte : il est devenu son directeur général. Et il plaisante avec son personnel à propos de ses lacunes en communication !

Exercer ses talents pour donner sens à sa vie

Utiliser ses forces dans une tâche difficile mène à l'expérience de flux et à la vie engagée

Mihály Csíkszentmihályi (1990)

Contrairement à ce que l'on pourrait penser (ou plutôt, contrairement à ce que notre société de loisirs voudrait nous faire penser), ce n'est pas lorsque nous sommes en vacances ou devant la télévision que nous éprouvons le plus de plaisir, mais lorsque nous sommes occupés à une tâche qui sollicite au maximum nos forces et nos talents (étude de Csíkszentmihályi[20], 1997)... Cet état créatif a été nommé «flux» ou «expérience optimale» par Mihály Csíkszentmihályi (chercheur en psychologie positive, professeur à l'université de Claremont en Californie, né en 1934).

C'est dans ces moments-là que nous donnons le meilleur de nous-mêmes. Lorsque nous pouvons dire après coup : «Je n'ai pas vu le temps passer», parce que nous étions intensément concentrés, accaparés corps et âme par notre activité, absorbés par le moment présent jusqu'à en oublier soucis et fatigue. Dans cette tension, nous nous sentons particulièrement vivants, et nous perdons la conscience de ce qui nous entoure...

Vivre le flux consiste à trouver le bon équilibre entre nos compétences et les difficultés que nous avons à effectuer une tâche précise. C'est un défi que nous nous lançons, qui monopolise nos talents, sans dépasser nos aptitudes, et qui nous permet de *vivre une vie pleine de sens*.

En fait, lorsque notre cerveau n'est pas stimulé par une activité pertinente, qui fait sens pour nous et nous demande un peu d'efforts, nous nous mettons à «cogiter», à ressasser sans cesse les mêmes idées et les mêmes problèmes. Nous pouvons même être de mauvaise humeur, nous ennuyer et sombrer dans l'apathie (si vous avez des enfants adolescents, peut-être les reconnaissez-vous à travers cette description ?).

20. BIDWELL, C., CSIKSZENTMIHALYI M., HEDGES L., SCHNEIDER B. *Attitudes and Experiences of Work for American Adolescents*. New-York, Cambridge University Press, 1997.

À l'inverse, si la tâche que nous avons à accomplir est trop complexe et dépasse nos compétences, nous éprouvons de l'angoisse. Le flux est donc ce juste équilibre entre l'ennui (qui nous demande d'amplifier le défi) et le stress (qui nous demande soit d'augmenter nos capacités pour atteindre notre objectif, soit de nous fixer un but plus accessible dans un premier temps).

Pour que nous puissions vivre cet état de flux, il nous faut :

• Définir des objectifs clairs et précis
Pour répondre à cette condition, nous devons définir un défi spécifique, à relever pour une date précise. Par exemple, « concevoir et préparer le repas pour mes amis samedi soir », ou « prendre des cours de piano pour pouvoir jouer la Sonate *Au clair de lune* de Beethoven à l'anniversaire de ma grand-mère, dont c'est la pièce préférée ».

• Disposer d'un feed-back immédiat
Cela nous permet de nous dire : « J'ai atteint mon but ! »

• Trouver un juste équilibre entre le défi et nos compétences
En d'autres termes, le but doit être stimulant et atteignable, tout en constituant un challenge qui nous incite à nous dépasser, mais sans obligation de performance. En effet, le stress généré par la peur de faire des erreurs est incompatible avec l'expérience de flux. C'est la raison pour laquelle les enfants, dans ce qu'ils vivent à l'école ou durant leurs loisirs fondés sur la compétition, ne peuvent vivre cette expérience. Au contraire, ces activités sont souvent vécues comme une contrainte, voire comme une punition.

• Avoir un objectif personnel, non imposé par quelqu'un d'autre (ou « objectif intrinsèque »)
Il est en lien avec nos valeurs profondes et sa poursuite est agréable en elle-même (ex. : s'engager dans une association, développer ses talents artistiques). À l'inverse, lorsque l'on cherche à atteindre un objectif extrinsèque, les sources de motivation sont externes (ex. : l'argent, devenir célèbre, faire carrière, répondre à des attentes sociales ou familiales).

Quand nos enfants vivent le flux

Bien sûr, on peut observer cet état de flux à différents moments chez les enfants, selon leur personnalité, leurs talents et leur âge. Pour mes propres enfants, cela pouvait être durant la réalisation d'une maquette en Lego, un match de basket, la lecture d'un livre, pendant qu'ils réalisaient des figures très compliquées avec un yoyo ou qu'ils construisaient une cabane… Plus tard, ils ressentaient cela en jouant à des jeux vidéo, et à y regarder de plus près, ils « vivaient du flux » parce qu'ils exerçaient les mêmes talents qu'avec leur Lego, leurs cabanes, leur basket : construire une ville, jouer avec d'autres (en réseau ou en équipe). De fait, les jeux vidéo sont conçus pour créer du flux : les objectifs sont clairs, précis et atteignables, tout en mettant l'intelligence au défi de trouver une solution… Et le feed-back est immédiat !

Pour ma part, je vis du flux lorsque je partage mes ateliers avec les parents, quand je « fais une conf' » ou quand je travaille sur ce livre (au moment où j'écris ces lignes, je suis attendue par ma famille pour passer à table, et je leur demande de patienter !). Je sais que j'exerce alors mes talents, que mon objectif est atteignable : c'est moi qui me le suis fixé, et personne ne me l'a imposé. Et pourtant, cela me demande des efforts !

Or, nous, parents, voulons protéger nos enfants de la peine, et ne les laissons pas toujours fournir les efforts qui leur permettraient de *relever les défis qu'eux-mêmes ont à se fixer*. Ainsi, en les aidant trop à contourner les tâches difficiles, nous les maintenons dans une existence privilégiée, et nous ne les incitons pas à lutter pour obtenir ce qu'ils veulent. **Pourtant, vivre un état de flux, c'est aussi éprouver du plaisir à surmonter les épreuves !**

Dans son livre *L'Apprentissage du bonheur* (Pocket, 2011)[21], Tal Ben-Shahar (professeur de psychologie positive à l'université de Harvard, né en 1970) écrit : « Nous pourrions presque considérer que nos enfants sont des défavorisés de l'opulence […]. La bagarre, les obstacles, les épreuves, sont nécessaires à une vie riche […]. En confondant "effort" et "peine", nous compromettons gravement leur aptitude au bonheur. »

21. Édition originale : *Happier: Learn the Secrets to Daily Joy and Lasting Fulfillment* (McGraw-Hill Professional, 2007). Traduction française d'Hélène Collon.

Exercice

Avec mon mari, nous nous étonnions de voir notre quatrième enfant passer des heures à s'entraîner pour réussir des torsions de fil de yoyo compliquées, qui représentaient par exemple la tour Eiffel... Petit, il avait commencé par jouer aux Playmobil, puis il avait construit des maquettes en Lego de plus en plus complexes, qu'il aimait garder sans les démolir pour les compléter au fil des jours. Il s'épanouissait aussi dans les sports collectifs, au basket notamment. Et puis, fidèle en amitié, il avait toujours autour de lui une bande de « potes » qui venaient prendre le goûter à la maison. Dès qu'il le pouvait, il allait également les rejoindre chez eux à vélo.

Nous avons écouté ses réflexions : au détour de conversations que nous avions, il glissait que, pour lui, ce qui faisait sens était ce qui est pérenne, solide dans le temps, mesurable, concret, harmonieux, généreux. Aussi, lorsque le corps enseignant s'est insurgé contre son projet d'entrer dans les métiers du bâtiment « alors qu'il n'était pas un élève en échec scolaire » (*sic !*), nous, ses parents, avons tenu bon. Et c'est tout naturellement, même si cela lui a demandé beaucoup d'efforts, qu'il est devenu menuisier compagnon du tour de France...

De la même façon, observez chacun de vos enfants. Que font-ils spontanément ? Quand sont-ils le plus absorbés par leurs activités ? Interrogez-les : « Qu'est-ce qui te plaît quand tu fais cela ? » Aidez chaque enfant à vous répondre en lui suggérant des pistes, sans les lui imposer. Ses réflexions pourront peut-être vous surprendre, mais ne vous découragez pas. Souvenez-vous de ce que vous avez découvert, notez-le ci-dessous, et vous y ajouterez vos prochaines observations.

....

....

....

....

Quels sont les talents nécessaires pour mener à bien l'activité préférée de votre enfant ?

En faisant cet exercice, vous permettrez à votre enfant de développer une « cartographie » de ses propres talents. Tout comme les navigateurs ont peu à peu dessiné la carte du monde, île après île, rocher après rocher, vous découvrirez toute la palette de ses aptitudes et saurez ainsi où résident ses forces, ce qui fait son unicité, là où il excelle.

CHAPITRE 9

INSTAURER UNE « DÉMOCRATIE FAMILIALE » AVEC LE CONSEIL DE FAMILLE

Famille et droits des enfants : un peu d'histoire...

Depuis la nuit des temps, c'était le père qui détenait toute l'autorité et tout le pouvoir familial. Puis, durant les dernières décennies, les familles ont changé, et leurs transformations ont fait évoluer le cadre législatif… Le 4 juin 1970, la loi institue d'abord l'*autorité parentale conjointe*. Plus tard, le 20 novembre 1989, les Nations unies adoptent la Convention internationale des droits de l'enfant, ratifiée par la France un an après. Voici son article 12 :

- Les États parties garantissent à l'enfant qui est capable de discernement le droit d'exprimer librement son opinion sur toute question l'intéressant, les opinions de l'enfant étant dûment prises en considération eu égard à son âge et à son degré de maturité.
- À cette fin, on donnera notamment à l'enfant la possibilité d'être entendu dans toute procédure judiciaire ou administrative l'intéressant, soit directement, soit par l'intermédiaire d'un représentant ou d'un organisme approprié, de façon compatible avec les règles de procédure de la législation nationale.

Mais c'est la loi du 4 mars 2002 qui, en France, va affirmer une nouvelle place pour l'enfant dans la famille, en modifiant l'article 371-1 du Code civil : « L'autorité parentale est un ensemble de droits et de devoirs ayant pour finalité l'intérêt de l'enfant. Elle appartient aux père et mère jusqu'à la majorité ou l'émancipation de l'enfant pour le protéger dans sa sécurité, sa santé et sa moralité, pour assurer son éducation et permettre son développement, dans le respect dû à sa personne. Les parents associent l'enfant aux décisions qui le concernent, selon son âge et son degré de maturité. »

De la même façon que nous pouvons utiliser le rappel à la loi pour certaines infractions de nos enfants (comme les injures, voir chapitre 6), se souvenir que le Code civil nous invite à une « démocratie familiale » est assez stimulant !

Organiser un conseil de famille

Pour tous les parents appliquant les propositions et les principes de l'autorité positive, le conseil de famille est un outil qui tient une place de choix. C'est un temps où l'on se retrouve tous ensemble, pour échanger et décider, réfléchir et écrire sa « Mission de famille » (voir chapitre 10), se mettre d'accord sur les règles à adopter, gérer les conflits en cours, définir le partage des tâches, le choix des vacances, les projets collectifs ou individuels, les rituels à mettre en place (voir chapitre 1), etc.

Une habitude dont vous ne pourrez plus vous passer !

Pour organiser les premiers conseils, la plus grosse difficulté consiste à convaincre chacun des membres de la famille de « jouer le jeu » : ne vous découragez pas ; il arrive souvent que les débuts soient un peu chaotiques ! Ces réunions représentent en effet un mode de fonctionnement très nouveau (sauf pour les enfants qui ont la chance d'avoir en classe ce temps d'échange et de parole). Aussi, il arrive parfois que nos filles et nos fils regimbent un peu devant la prise de responsabilité impliquée par le conseil de famille… C'est tellement plus facile lorsque les parents décident tout seuls : les enfants ont dès lors toute latitude pour trouver « trop nulles » les décisions prises, puis faire la tête ou râler !

Mais je n'ai jamais rencontré de famille qui, une fois surmontées les premières difficultés de mise en place, pouvait se passer de ses conseils. Tous ceux qui ont adopté cette manière de faire constatent une meilleure ambiance familiale, plus de respect mutuel, une prise de responsabilité des enfants, et beaucoup plus d'imagination dans l'organisation familiale que lorsque les parents décidaient seuls !

Une fois que l'on a « pris le pli », les réunions sont plus ou moins fréquentes : elles peuvent avoir lieu toutes les semaines (le mardi soir ou le dimanche après-midi, par exemple), tous les quinze jours, une fois par mois… Dans certaines familles, elles restent occasionnelles et ont lieu seulement lorsque le besoin s'en fait ressentir, pour parler d'une situation et/ou prendre une décision ensemble. Le conseil peut ainsi être « convoqué » par l'un ou l'autre des membres de la famille.

Quelquefois, il arrive aussi que tout aille bien et que l'on « oublie » de prévoir la réunion suivante… et ce sont les nouveaux problèmes rencontrés qui font que l'on s'y remet !

Des réunions très bénéfiques

« Les conseils de famille ont été précieux pour la construction de notre identité familiale et parentale. Ils ont permis beaucoup d'avancées dans nos pratiques parentales et de réelles libérations, une meilleure gestion du stress et de l'agressivité au quotidien. »

Catherine (maman de grands enfants)

« Notre premier conseil de famille concernait le comportement à table, car c'était (je parle au passé !) souvent pendant le dîner que le ton montait. L'ordre du jour était : "Comment faire pour passer un moment agréable à table tous les quatre ?" On s'est réunis autour d'un apéro, un samedi soir. Les enfants ont proposé des solutions, et nous aussi. On a fini par signer un contrat (Basile appelle ça un "poème"…) qui est toujours affiché dans la cuisine aujourd'hui.

Les enfants ont pris ça très au sérieux. Et je dois dire que, depuis, ça se passe très bien à table. Ils ne se lèvent plus au cours du repas, ils essaient de bien se tenir (sans gigoter, roter ni "péter"…), et ils n'oublient pas de me rappeler à l'ordre quand je sors de table ! Nous les avons félicités, et je pense que les choses sont acquises. »

Mélanie

Comment préparer votre conseil de famille ?

Définissez le jour, l'heure et la durée du conseil

En général, la réunion dure une demi-heure, mais elle peut se prolonger au-delà, selon l'âge des enfants et les discussions entamées. Les plus longs conseils que j'ai vécus prenaient jusqu'à une heure et demie, mais c'était très exceptionnel, et les participants les plus jeunes étaient des ados.

Faites-en un moment festif !

Vous connaissez vos enfants et vous savez ce qu'ils affectionnent. Ma famille et moi, nous adorions nous réunir autour d'un goûter ou d'un « apéritif »... Mais chez certains, le fait de manger accapare trop d'attention et engendre un certain désordre. À vous de voir !

Fixez l'ordre du jour

Ne soyez pas trop ambitieux : un seul sujet suffit souvent ! Certaines familles utilisent une boîte, dans laquelle chacun peut glisser un petit papier avec des demandes spécifiques pour le prochain conseil. Cela peut aller du « tour pour la douche » à l'utilisation des écrans (portables, télévision, etc.), en passant par l'organisation des repas (j'ai souvent mis les menus à l'ordre du jour !). Vous pouvez aussi prévoir d'évoquer par exemple :

- les décisions concernant les vacances (souhaits des parents et des enfants) ;
- la préparation des fêtes ;
- l'aménagement des chambres ;
- la place de chacun à table ;
- l'expression des envies (argent de poche, animal de compagnie, etc.) ;
- les « résolutions de problèmes » récurrents ;
- les réflexions sur ce qu'est le respect, par exemple ;
- l'organisation du conseil lui-même (où, quand, comment, règles de fonctionnement, etc.).

Les parents qui auront réfléchi à leur Mission de famille[22], voire qui auront commencé à la dessiner, pourront aussi l'évoquer pendant quelques minutes lors des conseils. Expliquez ce que vous êtes en train de faire, les questions que vous vous posez, afin que vos enfants aient la possibilité d'entrer tout doucement dans cette démarche, sans obligation.

Vous pourrez aussi amorcer une réflexion autour des valeurs, et dire ce que cela signifie pour vous. Lorsque je travaillais avec les élèves comme infirmière scolaire, j'abordais cette notion des valeurs à travers un petit jeu qu'il est possible de reprendre avec vos enfants.

22. Voir chapitre 10.

Cela commence par une histoire : « Imaginez qu'un jour, votre maison soit en feu… Les pompiers vous disent que vous n'avez le temps de prendre qu'un seul objet. Que choisissez-vous ? » Les réponses des enfants parlent de ce qui est primordial dans leur vie, et donc de leurs valeurs. Ne vous fâchez pas si l'un des vôtres vous dit qu'il veut sauver son ordinateur ! Pour vous, ce n'est qu'un outil. Pour lui, comme il appartient à une autre génération, c'est bien plus que cela : cet appareil contient beaucoup de choses essentielles comme les photos ; il permet aussi l'acquisition de nouvelles connaissances ou encore les jeux en réseau (et donc le lien aux autres, mais aussi tout simplement le jeu, besoin fondamental chez les humains). Pour aller plus loin, demandez à votre enfant ce qui lui manquerait le plus s'il n'avait plus son « ordi ».

Un jour, l'un des élèves m'a répondu « ma guitare ». J'ai tout de suite embrayé sur l'explication qui me semblait la plus évidente : il était donc musicien, et la musique était fondamentale dans sa vie ! « Pas du tout, m'a-t-il répondu. Mais si la maison brûle, ça veut dire qu'on n'aura plus rien et qu'on n'aura plus de sous. Alors si j'emmène ma guitare, je pourrai jouer dans la rue et aider mes parents à refaire une maison ! » Il avait 10 ans et demi… Voyez quelles valeurs fondamentales et vitales il était en train d'exprimer !

Choisissez un président et un secrétaire

Ces rôles peuvent être tenus tour à tour par chacun des membres de la famille.

Le président est celui qui convoque les uns et les autres pour démarrer le conseil, et qui donne l'ordre du jour (lorsque c'est au tour d'un des enfants de tenir ce rôle, assurez-vous qu'il a bien connaissance des sujets à aborder !). Garant du temps de parole de chacun, il fait aussi circuler le « bâton de parole » (voir ci-dessous). Enfin, il est le « gardien du temps », grâce à un réveil ou à un sablier (à vous, là aussi, d'adapter ce protocole à votre propre famille).

Dès l'âge de 4 ou 5 ans, un enfant peut être président. En confiant cette mission aux plus jeunes, vous leur ferez même un cadeau : imaginez le temps gagné sur vos apprentissages professionnels si, dès le plus jeune âge, vous aviez appris à conduire des réunions !

Quant au secrétaire, il consigne la date et l'ordre du jour, les décisions prises et les questions posées, dans un joli cahier – qui deviendra un objet culte parmi vos souvenirs de famille ! À la fin du conseil, le secrétaire fait signer le cahier à chacun, pour matérialiser l'engagement de tous les participants par rapport aux décisions prises. Ceux qui ne savent pas encore écrire peuvent apposer leur empreinte ou faire un dessin qui les représente.

Un enfant peut être secrétaire dès qu'il sait écrire. Ne vous focalisez pas sur l'écriture ou les fautes d'orthographe : ce n'est pas le lieu, et cela couperait les élans créateurs et spontanés de vos enfants !

Un cahier très précieux

« Nous avons quatre enfants adolescents, et notre vie de famille est parfois devenue très houleuse... Le cahier du conseil de famille est pour moi comme une "rampe" à laquelle je m'accroche quand je me sens trop démunie, ou quand un problème évoqué lors d'un conseil ressurgit dans la semaine. Je vais alors le chercher, et je m'accroche à ce que nous avons tous signé... Cela me permet de rester forte, presque sereine (!) et solide. »

Marie

Comment se déroule la réunion ?

Le conseil de famille est un temps pendant lequel vous parlerez de sujets importants et prendrez des décisions. Durant la discussion, vous essaierez de vous comprendre mutuellement, de façon authentique, sans qu'il y ait domination ni suprématie de l'une ou l'autre des personnes en présence. Pour vous aider à faire preuve d'empathie les uns envers les autres, asseyez-vous en cercle et servez-vous du bâton de parole (voir chapitre 2) : ce sera un outil déterminant ! Le docteur Carol Locust (femme-médecine de la nation Cherokee en Arizona) parle du cercle de cette façon : « [Il] a pour but de permettre à chacun de dire sa vérité dans un lieu sûr, où l'on se sent en confiance [...]. Personne ne jouit d'une préséance sur les autres, tous les membres sont égaux et il n'y a ni début, ni fin, de sorte que tout ce que l'on dit est accepté et respecté de la même façon. »

Quant au conseil de famille, il débute ou se termine par un temps de gratitude, ou par quelque chose de positif. Même si vous n'êtes pas parvenu à trouver une solution à l'ordre du jour, interrompez la discussion à l'heure dite, et finissez sur de belles émotions (soit sur de la gratitude si vous ne l'avez pas donnée au départ, soit sur l'évocation d'un beau projet).

Durant les premiers conseils, on peut manifester de la gratitude pour un bon moment, pour une belle découverte ou… pour soi-même ! Petit à petit, à l'exemple des parents (qui peuvent là aussi montrer le chemin), la gratitude peut s'exprimer envers les autres. Bien sûr, le plus difficile, c'est de faire que les frères et sœurs arrivent à avoir de la gratitude les uns envers les autres… Mais, sous votre égide, cela finira par arriver !

Par ailleurs, une fois que le président a ouvert le conseil et annoncé l'ordre du jour, il donne la parole à celui qui a signalé le problème à régler ou qui est à l'origine du sujet à évoquer. Ainsi, cette personne peut s'expliquer clairement. Ensuite, chacun va s'exprimer sur la question… C'est pourquoi un seul sujet est souvent largement suffisant, surtout si les enfants sont petits… Et il faudra peut-être même y revenir plusieurs fois !

Un chien qui se transforme en chat

« Les enfants nous réclamaient un chien depuis longtemps. Bien évidemment, lorsque nous avons commencé nos conseils de famille, c'est le premier sujet qui a été soumis *via* la "boîte à idées" ! Nous étions bien ennuyés, nous, parents, puisque nous n'étions pas d'accord... Or, le conseil est un temps démocratique !
Pendant deux mois, de conseil en conseil, cette question du chien est revenue comme un leitmotiv. Les enfants se sont alors montrés très créatifs : ils ont proposé qu'on laisse affichée dans les toilettes une grande feuille de papier, sur laquelle chacun pourrait inscrire ses idées, ce à quoi il était prêt à s'engager, mais aussi quels problèmes pourraient se poser en présence d'un chien... Deux mois ont encore passé, et nous sommes tombés d'accord sur l'adoption d'un chat ! »

Bérangère

Enfin, chaque décision prise et entérinée lors d'un conseil doit faire l'objet d'un consensus. Ce qui sous-entend qu'il faudra parfois, là aussi, plusieurs réunions avant de prendre une décision ferme… *Prendre son temps pour être en accord avec ce que l'on va décider* est l'un des leitmotive qui ont émaillé ce livre, et ce principe vaut également pour le conseil de famille !

CROISSANCE
APPRENTISSAGE
OUVERTURE
Monde
Culture
SANTÉ
Hygiène
LIEU
Alimentation
Beauté
Jardin
Art
Maison
Corps
Amitié
Voyage
Lecture
Rencontre
Dialogues
Stage
SÉCURITÉ
Soutien
Maison
SPIRITUALITÉ
ENGAGEMENT
Confiance
Honnêteté
Écologie
Colibri
GÉNÉROSITÉ
AMOUR
CHALEUR
Réconfort
Écoute
Câlin
BIENVEILLANCE
Acceptation
de l'autre
manière
de faire
d'être
idée
SEXUALITÉ
TEMPO
AMITIÉ
curiosité
Nouvelles
ANCIENNES
Accueil
Invitation
Voyages
Pensées
Lettres
RESPECT
Disponibilité
envie
forme
Compétence
Informatique
Devoirs
Entraide
COOPÉRATION
Légo
Desserts
Fêtes
Repas
ORGANISATION
Surprises
moments d'exceptions
BONHEUR
Plaisir
Joie
Sens
Gratitude
Visites
message
Fêtes
lettres
Phrases
Intentions

CHAPITRE 10

INVENTER SA « MISSION DE FAMILLE »

Une « Mission de famille », pour quoi faire ?

Dans les démocraties, la Constitution sert de référence lorsque l'on veut promulguer une nouvelle loi, accorder des droits aux habitants, citoyens du pays et ressortissants d'un autre pays, et leur permettre ainsi d'affronter les épreuves que traverse la communauté. De la même façon, beaucoup d'entreprises ont adopté une charte pour définir des valeurs et objectifs communs à tous les membres du personnel. Ce document sert de référence aux dirigeants qui veulent faire des choix cohérents et rationnels, en particulier dans les demandes qu'ils formulent aux salariés.

La Mission ou Constitution de famille – selon le nom que vous voudrez lui donner – a la même vocation. Elle stipule les droits, devoirs et engagements de chacun des membres de la communauté familiale, en s'appuyant sur les valeurs, principes et besoins de ladite communauté. Ainsi, elle vous servira de référence lorsque vous, parents, déciderez des actions présentes et futures de la famille, lorsque vous aurez à prendre des décisions banales et quotidiennes, ou plus exceptionnelles et spécifiques. Grâce à cet outil, vous éviterez d'être « piégé » par les enjeux émotionnels, les demandes déstabilisantes, les envies de court terme, et les demandes que vous ferez à vos enfants prendront plus de sens.

La Mission vous permettra aussi de passer du « Il faut que… » au « J'ai envie de… » : il n'est plus question d'écrire un « règlement », mais d'éduquer ses enfants à la responsabilité, à l'engagement pris d'un commun accord, à une idée de la famille basée sur la coopération… Parce qu'au-delà des savoir-faire, nous devons transmettre à nos enfants des savoir-être.

Si vous l'établissez solidement, votre Mission offrira ainsi à votre famille une force intemporelle pour affronter les aléas de la vie. Certes, construire un tel outil demande implication et réflexion, et cela prend du temps… Mais, pour avoir élevé cinq enfants, je sais aussi à quel point les discussions interminables sont « chronophages », et combien sont « énergivores » les conflits récurrents !

Définir ses valeurs pour plus de joie et de confiance au quotidien

« Mon mari et moi, nous avons pour valeur commune le respect. Dans notre Mission de famille, l'une des branches du respect s'intitule “Le respect de son corps”. Dans ce cadre, je me suis engagée à nourrir ma famille et à lui préparer des repas sains et équilibrés. C'est ce que je faisais déjà auparavant, bien sûr... Mais ce qui a radicalement changé, ce qui a modifié en profondeur l'ambiance de la maison, c'est que je ne prépare plus les repas “parce qu'il faut bien le faire”, mais parce que j'en ai envie, parce que j'ai décidé de le faire, par amour pour mes enfants, pour mon mari et pour moi-même ! Et depuis que nous avons réfléchi tous ensemble à ce sujet, je reçois beaucoup plus d'aide spontanée de la part de chacun, combinée avec de la gratitude... Maintenant, j'ai régulièrement des “Merci, maman !” quand on passe à table... Et ça, c'est du bonheur ! »

Élodie

« Maxence, 16 ans, m'a demandé s'il pouvait aller à un concert avec ses copains. Mon premier réflexe a été de refuser : je le trouvais trop jeune, j'avais peur du trajet en voiture avec quelqu'un que je ne connaissais pas particulièrement, je craignais des rencontres peu recommandables sur place. Et puis, je trouve ces concerts trop bruyants et catastrophiques pour les tympans... Et bien sûr, j'avais peur de l'alcool et des drogues ! Mais Maxence m'a répondu : “Papa, t'arrêtes pas de dire que l'autonomie ça fait partie de nos valeurs, mais l'autonomie, c'est pas QUE pour les trucs chiants ! J'ai 16 ans, je sais très bien ce que je peux pas faire et où sont mes limites... Faut savoir : soit je suis autonome, soit je le suis pas !" Dit comme ça, évidemment, il m'était difficile de ne pas être d'accord avec lui...

J'ai alors rappelé à Maxence une autre valeur que nous avons : la responsabilité. Puis nous sommes tombés d'accord sur le fait qu'il pouvait aller au concert, à condition qu'il m'appelle en arrivant, ainsi que les deux soirs où il serait sur place. Je suis très fier que nous soyons arrivés à cet accord !

Une fois là-bas, Maxence s'est fait un point d'honneur de respecter sa parole, et tout s'est bien passé. En son absence, je me suis rappelé ce que nous avions dit en atelier à propos de la confiance... C'était difficile pour moi de faire confiance à mon fils, mais le fait d'avoir échangé au préalable avec d'autres parents m'a bien aidé ! »

Greg

Concrètement, comment s'y prendre ?

Je vous propose de procéder en plusieurs étapes. Pour entamer votre réflexion, vous n'avez besoin que d'une feuille de brouillon et de feutres de couleur. Lorsque vous vous sentirez prêt, vous pourrez dessiner votre Mission définitive.

Le *mind map*[23] ou « carte heuristique »

J'imagine que peu d'entre vous se sont déjà interrogés sur les valeurs qui soudent, unissent et « vertèbrent » leur famille. Dans un premier temps, vous pouvez donc vous prêter à cet exercice, avec votre conjoint si vous élevez vos enfants ensemble, ou pour vous-même si vous êtes seul. Le reste de la famille s'y inscrira dans un second temps, lorsque vous aurez déjà dessiné votre *mind map*.

23. BUZAN, Tony et Barry. *Mind map : dessine-moi l'intelligence*. Paris : Eyrolles, 2012 (site Internet : http://thinkbuzan.com/).

Le *mind map* (ou « carte heuristique ») est un outil qui reproduit exactement notre fonctionnement neuronal et nous rend créatifs, en mobilisant la merveilleuse « machine à associer » qu'est notre cerveau... Par exemple, que se passe-t-il dans votre tête lorsque vous pensez au mot « bateau » ? Des dizaines de pensées surgissent immédiatement de chaque recoin de votre mémoire, associant mots, images, saveurs, émotions et souvenirs.

Sur votre feuille de brouillon, inscrivez au centre le mot « famille » (ou un autre mot qui vous représente tous, comme « nous » ou « notre famille ») : c'est le *cœur* de votre famille. Ensuite, notez autour toutes les valeurs qui vous viennent spontanément à l'esprit : c'est ce qui est de l'ordre de la *tête*. La question à se poser est : « Quelles sont les valeurs essentielles que j'associe spontanément à ma famille ? » Pour vous aider, vous pouvez utiliser la liste du chapitre 1. Laissez ensuite libre cours à vos associations d'idées, puis regroupez entre eux les concepts proches.

Attention, sur votre *mind map*, n'écrivez que les grandes notions, pas les actions concrètes (qui, pour leur part, relèvent du *corps*) : en d'autres termes, même si les repas partagés tous ensemble vous sont essentiels, ce n'est pas maintenant que vous l'évoquerez. Nous verrons plus loin comment vous noterez sur votre Mission tout ce qui est de l'ordre du corps. Et, au final, cet outil vous permettra le fameux alignement « tête/cœur/corps », nécessaire à la congruence dont nos enfants ont tant besoin : il vous aidera à établir plus de cohérence entre vos pensées, vos paroles et vos actes.

La Mission de famille, étape 1

À partir des termes inscrits sur votre *mind map*, essayez de définir si l'une des notions que vous avez notées pourrait servir de « base » à toutes les autres. Par exemple, dans l'exemple ci-dessous, les parents avaient écrit sur leur *mind map* les mots « nous », « amour », « respect », « bonheur », « croissance », « sécurité » et « spiritualité ». Ils ont décidé que « nous » était à la base des autres concepts et en ont fait le centre de leur carte, sur lequel six « branches », essentielles pour la famille, sont venues se greffer. Faites de même, en choisissant une nouvelle couleur pour ces branches de « premier niveau ».

Étape 2

Encore une fois, laissez le champ libre à votre créativité, et fiez-vous à vos associations d'idées pour décliner chaque « mot-clé ». Par exemple, de la branche « respect », vous pouvez faire partir des branches « coopération » et « entraide », tracées dans une autre couleur.

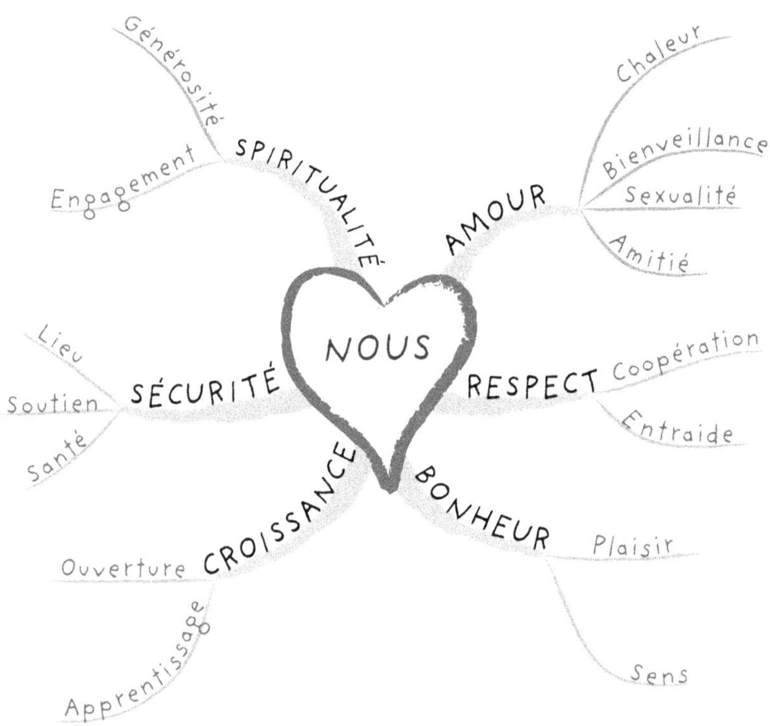

Étape 3

Avec une quatrième couleur, des dessins ou des symboles, définissez encore plus précisément vos besoins ou valeurs : qu'est-ce qui est vraiment, vraiment important pour vous ? Par exemple, ci-dessous, les parents ont cherché à affiner le plus possible leurs valeurs de « deuxième niveau » (ex : l'engagement, ça veut dire quoi, ça suppose quoi, ça recouvre quoi ?).

- NOUS
  - AMOUR
    - Chaleur
      - Réconfort
    - Bienveillance
      - Acceptation
      - Écoute
    - Sexualité
      - Légèreté
      - Curiosité
    - Amitié
      - Ancienne
      - Nouvelle
  - RESPECT
    - Coopération
      - LEGO
    - Entraide
      - Compétence
      - Forme
      - Envie
      - Disponibilité
  - BONHEUR
    - Plaisir
      - Joie
    - Sens
      - Gratitude
  - CROISSANCE
    - Ouverture
      - Monde
      - Culture
    - Apprentissage
      - Rencontre
      - Dialogue
      - Stages reçus
      - Lecture
      - Ateliers donnés
  - SÉCURITÉ
    - Lieu
      - Être soi-même
      - Régénérant
        - Beauté
      - Maison
    - Soutien
    - Santé
      - Hygiène
        - Maison
        - Corps
      - Alimentation
  - SPIRITUALITÉ
    - Générosité
    - Engagement
      - Écologie
      - Honnêteté
      - Confiance
      - Congruence

Étape 4

C'est le moment de passer à la pratique : comment chacune des valeurs que vous avez notées se décline-t-elle au quotidien ? Par exemple, les valeurs de responsabilité, sécurité ou croissance peuvent se rattacher à la notion de travail : vous travaillez pour que vos enfants et vous-même ayez une nourriture de qualité et équilibrée, habitiez un lieu confortable, puissiez entreprendre des activités épanouissantes, etc. Écrivez-le, même si cela vous paraît évident ! Ainsi, tous ces privilèges ne seront pas des « dus » ni des choses « normales », mais bien la résultante de votre engagement quotidien. À long terme, cela prendra sens pour vos enfants : ils relieront plus aisément le fait de choisir un métier et celui d'être, un jour, chargé de famille.

De même, le besoin d'apprentissage, qui donne du sens à la vie, peut être relié au fait que vous preniez du temps pour lire ou suivre des stages de développement personnel, ou au fait que vos enfants aillent à l'école chaque matin… Notez-le ! Ainsi, sans doute, votre fille ou votre fils n'ira plus en cours « parce qu'il le faut », mais bien parce que cela se rattache à quelque chose de plus vaste, qui la/le transcende. Et, dans les moments de doute et de découragement, vous saurez le rappeler à votre enfant !

En bref, cette quatrième étape est vraiment celle du concret : vous allez noter sur votre Mission ce que vous faites déjà (ou ce que vous voulez mettre en œuvre) pour *donner corps* à vos valeurs ou satisfaire des besoins fondamentaux. Peut-être allez-vous formuler des engagements nouveaux : par exemple, vous avez identifié que l'amitié vous est essentielle, et vous aimeriez prendre plus souvent le temps de partager un moment privilégié avec votre meilleur ami… Ou alors, vous avez réalisé que l'altruisme donnerait plus de sens à votre vie ; alors, la rédaction de votre Mission vous fournira peut-être l'impulsion nécessaire pour offrir un peu de votre temps à d'autres…

Mais cette dernière étape vous permettra surtout de *relier les actes du quotidien à des valeurs profondes*. Vous « faites » déjà tellement de choses dans une année : prendre des vacances, rendre visite aux grands-parents de vos enfants, en passant par le ménage, le sport ou les câlins ! Toutes ces choses que vous faites déjà peuvent figurer sur votre *mind map* afin de mieux prendre sens pour vous, et surtout pour vos enfants. Au moment où vous inscrivez toutes ces actions sur votre Mission en les rattachant aux valeurs correspondantes, parlez concrètement de tout ce travail avec eux, expliquez-leur votre démarche et ce que vous leur proposez, à eux – peut-être au cours d'un ou plusieurs conseils de famille. Ainsi, ils pourront vous dire s'ils ont des valeurs qui ne figurent pas encore sur la Mission, et vous pourrez les noter ensemble sur la feuille.

En procédant ainsi, les règles vont se transformer en engagements de leur part : c'est le passage de la soumission et de l'obéissance à la *responsabilité*. Désormais, vous donnez à vos enfants la possibilité de dire : « Je ne fais plus les choses parce qu'il le faut mais parce que je le décide ! » Ou encore : « Je cesse d'afficher certaines valeurs sans agir en conséquence. » Par exemple, après avoir construit la Mission, il devient plus difficile de continuer à demander des baskets à la mode, alors que l'on sait qu'elles sont fabriquées par des enfants dans des conditions inhumaines… Cet outil peut donc aider les membres de votre famille à être congruents, à faire seulement ce avec quoi ils sont fondamentalement en adéquation.

Enfin, pour finir, laissez encore libre cours à votre créativité : faites des dessins ou des symboles qui se rattachent à des valeurs de la Mission, et qui « ouvrent » votre esprit vers l'infini… Dans l'exemple page 165 le couple a symbolisé la complémentarité et la solidarité nécessaires à la coopération pour ses deux membres par un légo.

Étape 5

Une fois terminée, la Mission doit être datée et signée par chacun des membres de la famille… C'est TRÈS important, car c'est une forme d'engagement ! Notez que même un petit enfant, ne sachant pas encore écrire, peut signer avec un dessin ou avec l'empreinte d'un doigt. Ci-dessus, chaque adulte a signé avec son animal « totem ».

Certains parents décident d'afficher cet outil dans la cuisine, afin qu'il puisse nourrir les discussions spontanées du quotidien ; d'autres préfèrent que la Mission reste dans le couloir qui mène aux chambres, pour que cette réflexion demeure au cœur de leur intimité. J'ai vu aussi des Missions affichées dans le salon… En bref, choisissez ce qui vous semble le plus approprié pour votre propre famille, mais laissez votre Mission BIEN VISIBLE !

Nos enfants remettent régulièrement en cause certaines décisions prises, parce qu'elles les ennuient ou parce qu'ils s'en lassent… Avoir sous les yeux la Mission, signée par tous, leur rappelle – et à nous aussi ! – sur quel socle est construite la famille. Cela nous aide à tenir le cap, même pendant les discussions houleuses.

Bien souvent, notre Mission m'a sauvé la mise lorsque l'un de mes enfants exprimait son mécontentement parce que nos placards ne débordaient pas de gâteaux ni de bonbons de toutes sortes, ou parce que notre frigo n'avait pas « une grande conversation » (c'était notre façon à nous de dire qu'il était à peu près vide !). Nous avions choisi de vivre notre respect pour la planète en ne faisant les courses qu'à la Biocoop de notre ville. Or, à l'époque, le bio n'était pas vraiment à la mode, et les friandises étaient très dispendieuses pour notre famille de sept personnes. Je comprenais bien la frustration de certains de mes enfants lorsqu'ils comparaient notre « épicerie familiale » avec celle de leurs copains… Il me suffisait alors de leur rappeler que c'était ce dont nous avions convenu ensemble et que, si nos décisions étaient remises en question, cela pouvait se discuter en conseil de famille : les invectives cessaient immédiatement ! Et aujourd'hui, je peux dire que l'une des choses dont je suis le plus fière, c'est de voir mes enfants engagés, avec des valeurs morales et sociales très fortes, qu'ils défendent et vivent au quotidien…

De même, à l'usage, vous verrez que la Mission permet à l'enfant de faire l'apprentissage de la parole donnée, mais aussi de savoir quelle sanction il encourt si ladite parole n'est pas tenue (voir chapitre 7)… Ainsi, il se civilise et s'humanise dans le respect de l'autre. De votre côté, si vous ne respectez pas les engagements que vous avez pris dans la Mission, vous aurez aussi à réparer ou à appliquer les sanctions décidées ensemble !

Par ailleurs, les engagements pris par tous à travers la Mission évitent la mise en place d'un « règlement intérieur » trop lourd, source de conflits permanents…

Enfin, écrire permet de ne pas « banaliser » ce que l'on fait chaque jour. Cela aide les enfants à se construire au quotidien, en tant qu'hommes et femmes de demain, et cela nous incite tous au respect...

CONCLUSION

NON, TOUT NE SE JOUE PAS AVANT SIX ANS !

Quand j'ai élevé mes enfants, il y avait encore peu de livres à l'usage des parents, et pas du tout d'ateliers ni de «cafés des parents» où nous aurions pu partager nos difficultés, nos interrogations, nos découragements... et surtout, surtout, apprendre à «faire du nouveau» ! Comme beaucoup de mamans, j'étais atterrée de constater que je reproduisais certains gestes ou conduites que mes parents avaient eus avec moi et que je jugeais néfastes. Mais je ne savais pas faire autrement...

L'un des best-sellers de l'époque était un livre du psychologue américain Fitzhugh Dodson dont le titre, *How to parent*, avait été traduit en français par *Tout se joue avant 6 ans* (Robert Laffont, 1972)[24]... Comme vous pouvez l'imaginer, ce seul titre me mettait une pression incroyable lorsque mes enfants fêtaient leurs 7 ans ! Et par la suite, une fois qu'ils sont devenus adolescents, j'ai pris conscience que je n'avais pas toujours eu l'attitude adaptée, sans pour autant être capable d'en avoir une autre... J'ai alors bien souvent sombré dans la culpabilité !

Aujourd'hui, je vous parle avec mon expérience de mère de grands enfants devenus adultes, et de grand-mère : j'ai appris – et je *sais* maintenant – que tout ne se joue pas avant 6 ans ! La vie est un mouvement perpétuel, un long processus au cours duquel nous nous réinventons et nous recréons sans cesse, en nous adaptant le mieux possible aux nouvelles situations que nous rencontrons. Et nos enfants aussi !

Bien sûr, il est beaucoup plus aisé de vivre une vie familiale harmonieuse lorsque nous comprenons tout ce que j'ai développé dans ce livre alors que nos enfants sont encore des bébés... Mais c'est seulement plus facile, c'est tout.

24. Édition originale: *How to parent* (Nash, 1970). Traduction française de Yvon Geffray.

Un processus que l'on peut entamer à tout moment

« Je me dis que j'aurais voulu pouvoir participer aux Ateliers du Positif beaucoup plus tôt, quand mes enfants étaient encore petits : cela m'aurait certainement évité bien des erreurs ! Mais je ne suis pas triste en disant cela, car tout ce que j'ai appris ces dernières semaines m'a vraiment permis de réfléchir, d'entamer un processus pour changer des choses et écouter les autres différemment, même si je ne suis qu'au pied de la montagne... »

Catherine

Récemment, j'ai rencontré un papa qui venait d'enterrer son propre père : « Tu sais, Agnès, m'a-t-il dit, mon père vient de m'enseigner comment mourir... En fait, *on ne cesse jamais d'être parent et d'apprendre à nos enfants.* » C'est précisément le message que j'ai envie de vous transmettre maintenant...

Alors, allez-y : mettez-vous au travail, quel que soit l'âge de vos enfants ! Les tâches les plus importantes sont devant vous ! Et prenez soin de vous...

Pour contacter Agnès Dutheil vous pouvez vous rendre sur le site des Ateliers du Positif (www.lesateliersdupositif.fr) et sur le compte Facebook (https://www.facebook.com/lesateliersdupositif?ref=hl)

BIBLIOGRAPHIE

BEN SHAHAR, Tal, *L'Apprentissage du Bonheur*, Pocket, 2011

BUZAN, Tony et Barry, *Mind map : dessine-moi l'intelligence*, Eyrolles, 2012

CANFIELD, Jack, HANSEN, Mark Viktor, *Chocolat chaud pour l'âme, 80 histoires qui réchauffent le cœur et remontent le moral*, J'ai lu, 2014

COMTE-SPONVILLE, André, *Le Capitalisme est-il moral ?*, Albin Michel, 2004

COVEY, Stephen, *Les sept habitudes de ceux qui réalisent tout ce qu'ils entreprennent*, First, 2005

DODSON, Fitzhugh, *Tout se joue avant 6 ans* (Robert Laffont, 1972)

FRANKL, Victor, *Nos raisons de vivre. À l'école du sens de la vie*, InterEditions-Dunod, 2009

GOLEMAN, Daniel, *L'Intelligence émotionnelle*, Robert Laffont 1997

GINOTT, Haïm, *Between Parents and Child*, Random House Digital, 2009

JANSSEN Thierry, *Le Défi positif*, Les liens qui libèrent, 2011

JOLLIEN, Alexandre, *Le Métier d'homme*, Seuil 2002

KUSHNER, Harold S., *Le Désir infini de trouver un sens à sa vie*, Astra, 1987

La Dernière Lettre. Paroles de Résistants fusillés en France (1941-1944), Magnard, 2011

LASCH, Christopher et CASTORIADIS, Cornelius, *La Culture de l'égoïsme*, Climats 2012

LECOMTE, Jacques, *Introduction à la psychologie positive*, Dunod 2009

LYUBOMIRSKY, Sonja, *Comment être heureux et le rester*, Marabout, 2013

MILLER, Alice, *C'est pour ton bien*, Aubier, 1984

ROGERS, Carl, *Le Développement de la personne*, Dunod, 1968

SELIGMAN, Martin, *S'épanouir*, Belfond, 2012

THOMASS, Balthasar, *Être heureux avec Spinoza*, Eyrolles 2013

YALOM, Irvin, *Le Jardin d'Épicure. Regarder le soleil en face*, Galaade, 2011

Imprimé en Allemagne par BoD

Dépôt légal : Novembre 2021

www.ingramcontent.com/pod-product-compliance
Ingram Content Group UK Ltd.
Pitfield, Milton Keynes, MK11 3LW, UK
UKHW022013260726
13994UKWH00006B/2445

9 782212 562392